살아계신 예수님과의 입체적 만남

통째로 예수님 읽기

김완섭 지음

기독교신앙회복연구소

[복음소책자 4]
통째로 예수님 읽기

초판 1쇄 인쇄 : 2019.3.4.
초판 1쇄 발행 : 2019.3.12.
펴낸곳 : 기독교신앙회복연구소
지은이 : 김완섭
펴낸이 : 오복희
디자인 : 이준구
등록번호 : 제2018-000044호
등록일자 : 2018년 4월 12일
서울특별시 송파구 마천로 100 C동 402호(오금동)
편집부 : 010-6214-1361
관리부 : 010-8339-1192
팩 스 : 02-3402-1112
이메일 : whdkfk9312@naver.com

ISBN 979-11-89787-02-8 04230
      979-11-963786-4-6 (세트)
CIP : 20190006527

한 권 값 10,000원

무단전제와 복제를 금합니다.

머리말

　예수님을 믿는 일을 그림 감상에 비유해본다면 마치 퍼즐을 맞추어가면서 그림을 감상하려는 모습과 흡사할 것입니다. 많은 경우에 예수님을 아는 것은 맞지만 전체 그림이 아니라 퍼즐의 조각들을 보고 믿는 것과 같은 모습을 보이고 있습니다. 처음부터 전체 그림을 보고 믿는 것이 아니라 그때그때 주어지는 신앙의 조각들을 보고 경험하면서 믿는 경우가 많기 때문에, 곧 예수님을 전체적으로 알고 믿는 것이 아니기 때문에 신앙성장이나 변화가 더디거나 때로는 조금은 비뚤어진 형태의 신앙을 소유하게 되는 것입니다.

　교회에 다니는 사람들 중에도 이런 경우가 많을 텐데 아직 예수님을 믿지 않는 분들에게는 더욱 이런 현상이 두드러질 것입니다. 대개 하나님을 거부하는 분들 중에는 성경이나 기독교에 대한 오해로 말미암아 편견을 가지게 된 경우가 많다고 할 수도 있을 것입니다. 그래서 예수님에 대해 전체적으로 알고 생각할 수 있도록 이 책을 기획하게 된 것입니다. 퍼즐의 몇몇 조각들이 아니라 그림 전체를 볼 수 있게 만들어주는 것이 이 책의 목적입니다.

예수님은 성도들이 실수하거나 바른 삶을 살고 있지 못해도 여전히 예수님이십니다. 논리로 설명하기는 어렵지만 예수님은 어떤 경우에도 하나님의 아들로서 존재하시는 분입니다. 비록 일부 기독교인들로 말미암아 예수님의 영광이 가려진 부분이 있지만 그럼에도 예수님은 예수님입니다. 기독교인들이 타락하거나 윤리적으로 비판받는 것은 예수님의 책임이 아닙니다. 만약에 그것이 예수님의 책임이라면 모든 기독교인들이 전부 그렇게 살아야 할 것입니다. 그러나 신앙적으로나 윤리적으로 반듯하게 세상의 모범이 되는 기독교인들이 훨씬 더 많이 있지 않습니까?

여기에 이 책의 존재가 반드시 필요해지는 것입니다. 교회나 기독교인들의 겉으로 드러나는 모습들 때문에 오해할 수 있는 부분들을 최대한 해소하고 싶은 것입니다. 그래서 복음서를 중심으로 예수님의 본래 모습을 통째로 보여드리고 싶은 것입니다.

이 책은 예수님에 대한 전체적인 그림들 속에서 예수님

을 객관적으로 설명하는 데에 많은 할애를 합니다. 물론 신앙은 객관이 아니라 주관이어야 하지만, 그 주관이라는 것도 객관적으로 정확하게 알고 있을 때 건강한 주관이 가능해지는 것입니다. 그런 바른 객관을 가지고 예수님을 믿게 될 때 그 신앙은 바르게 성장할 수 있는 것입니다. 그래서 복음서에서처럼 연대별 혹은 사건별로 기록하는 것이 아니라 전체 복음서를 중심으로 주제별로 설명을 시도하는 것입니다. 그러면 예수님에 대해서 더욱 객관적이고 정확하게 알 수 있게 될 것입니다.

우선은 예수님께서 하신 일들을 종합적으로 제시했습니다. 물론 주제별로 많은 연구서나 신학도서들이 나와 있지만 이 책은 전체를 보는 것이 목적이기 때문에 길지 않은 분량의 주제 글들을 계속 읽어나가는 데 초점을 맞추었습니다. 제1부는 예수님의 공생애의 핵심적인 주제들, 곧 예수님의 생활, 예수님의 마음, 예수님의 기도, 예수님의 전도, 예수님의 가르침, 예수님의 전인치유를 주제별로 설명했습니다. 여기에서 보통은 잘 설명하지 않는 내용들, 곧 예수님의 생활모습, 예수님의 마음 같은 내용들을 오히려 핵심적으로 설명하였습니다. 그래야 생활 속에서 예수님의 모습을 발견할 수 있고 적용할 수 있기 때문입니다.

제2부와 3부는 예수님과 사람들의 관계 이야기를 다루었습니다. 기독교 신앙은 예수님과의 관계가 핵심인데 예수님께서 사람들을 어떻게 대하셨나에 대한 이해가 없이는 자기중심적인 시각에 갇혀 있을 수 있기 때문입니다. 예수님께서 여인들을 어떻게 대하셨나, 제자들과의 관계는 어떤 특성을 가지고 있는가, 또한 바리새인들과 대제사장 등 권력자들과는 어떤 관계를 유지하셨나, 그리고 가난하고 소외된 사람들에 대해서 예수님은 어떤 원리로 그들을 대하셨나를 살펴보았습니다. 또한 사람들이 예수님을 어떻게 대했나에 대해서도 살펴보았습니다. 예수님을 믿은 사람들, 사랑한 사람들, 예수님을 따라다닌 사람들, 그리고 예수님을 십자가에 못 박은 사람들에 대해서 관찰해 보았습니다.

이 책을 통해서 예수님에 대해 전체적으로 정확하게 알게 되기를 소원합니다. 아직 하나님을 모르는 분들은 이 책을 통하여 예수님의 실체에 대해 많은 오해를 풀 수 있기를 기대합니다. 그리고 이미 교회에 다니는 사람들도 이 책을 통하여 더욱 정확하고 긴밀하게 예수님과의 관계가 이루어지기를 소망합니다. 그리하여 예수님에 대해 잘 아는 분들, 잘 믿는 분들이 다 되기를 바랍니다.

목차

제1부 예수님은 어떻게 생활하셨을까?

1) 예수님의 생활   15
- 온 나라를 걸어 다니셨습니다.
- 언제나 사람들에 둘러싸이셨습니다.
- 피곤하고 지치셨습니다.
- 홀로 지내실 때가 많았습니다.
- 노숙하실 때도 많았습니다.
- 쫓기셨습니다.

2) 예수님의 마음   31
- 예수님은 슬퍼하셨습니다.
- 분노하셨습니다.
- 위선자들에게는 냉정하셨습니다.
- 율법의 오해에는 안타까워하셨습니다.
- 기쁨으로 감당하셨습니다.
- 예수님은 평안하셨습니다.

3) 예수님의 가르침   47
- 팔복은 예수님의 가르침의 핵심입니다.
- 산상수훈은 예수님의 가르침의 집약입니다.

- 예수님은 종교적 오해를 풀어주셨습니다.
- 예수님은 스스로가 누구인가를 선포하셨습니다.
- 예수님은 비유로 가르쳐주셨습니다.
- 천국도 비유로 가르치셨습니다.
- 예수님의 가르침의 목적이 있습니다.

4) 예수님의 기도　　　　　　　　　　　　　　　　67
- 예수님은 사람들을 위해 기도하셨습니다.
- 감사의 기도를 많이 하셨습니다.
- 기도 방식의 본을 보이셨습니다.
- 하나님을 영화롭게 하는 기도를 하셨습니다.
- 예수님이 누구이신지를 알고 기도해야 합니다.
- 기도의 전제조건이 있습니다.
- 이렇게 기도하면 안 됩니다.

5) 예수님의 전도　　　　　　　　　　　　　　　　87
- 천국복음을 전파하셨습니다.
- 회개하라고 외치셨습니다.
- 지옥에 대해 경고하셨습니다.
- 예수님의 부활과 재림을 전해야 합니다.
- 제자들을 훈련시키셨습니다.
- 복음은 온세상에 끝날까지 전파되어야 합니다.

6) 예수님의 전인치유　　　　　　　　　　　　　　101
- 예수님은 치유하러 오셨습니다.
- 육체적인 질병을 치유하셨습니다.

- 귀신을 쫓아내 주셨습니다.
- 죄사함을 베풀어주셨습니다.
- 마음을 치유해 주셨습니다.
- 죽음까지도 고쳐주셨습니다.

제2부 예수님은 사람들을 어떻게 대하셨을까?

1) 예수님과 여인들   119
   - 간음하다가 붙잡힌 여인
   - 사마리아 수가성의 여인
   - 막달라 마리아
   - 베다니 마을의 마리아

2) 예수님과 제자들   133
   - 철야기도 후에 제자들을 택하셨습니다.
   - 열두 제자를 세우신 목적이 있습니다.
   - 제자들은 변화되지 못했습니다.
   - 제자들은 전부 예수님을 배반했습니다.
   - 마침내 제자들을 변화시키셨습니다.

3) 예수님과 바리새인들   149
   - 율법 문제로 많이 부딪치셨습니다.
   - 예수님은 바리새인들을 비판하셨습니다.
   - 바리새인들은 예수님을 시험했습니다.
   - 외식하는 자들을 저주하셨습니다.

‣ 바리새인들은 예수님을 죽이기로 했습니다.

4) 예수님과 권력자들   167

   ‣ 예수님과 대제사장들
   ‣ 예수님을 원수 삼은 대제사장들
   ‣ 대제사장들에 대한 예수님의 마음
   ‣ 예수님과 빌라도
   ‣ 예수님과 헤롯 왕
   ‣ 예수님과 로마 황제

5) 예수님과 약자들   187

   ‣ 예수님과 가난한 사람들
   ‣ 예수님과 세리들
   ‣ 예수님과 죄인들
   ‣ 예수님과 병든 사람들

제3부 사람들은 예수님을 어떻게 대했을까?

1) 예수님을 사랑한 사람들   207

   ‣ 사도 베드로
   ‣ 사도 요한
   ‣ 막달라 마리아
   ‣ 아리마대 요셉

2) 예수님을 믿은 사람들   221
   ‣ 하인을 사랑하는 백부장의 믿음

- 중풍병자의 친구들의 믿음
- 혈루증 환자의 믿음
- 딸을 살리려는 야이로의 믿음
- 맹인의 믿음
- 귀신들린 딸을 고친 여인의 믿음

3) 예수님을 따르는 무리들   235
- 각종 환자들
- 가르침을 받으려는 사람들
- 예수님을 해방자로 여기는 사람들
- 예수님을 철저하게 외면한 사람들
- 세례 받은 삼천 명의 사람들

4) 예수님을 못 박은 사람들   249
- 가룟 유다
- 산헤드린 공회
- 거짓 증인들
- 빌라도 총독
- 선동꾼들
- 백부장과 군병들
- 구경꾼들

맺는 말   269

제 1 부

예수님은 어떻게 생활하셨을까?

1. 예수님의 생활

- 온 나라를 걸어 다니셨습니다.
- 언제나 사람들에 둘러싸이셨습니다.
- 피곤하고 지치셨습니다.
- 홀로 지내실 때가 많았습니다.
- 노숙하실 때도 많았습니다.
- 쫓기셨습니다.

물론 당연히 예수님의 3년간의 삶의 모습을 몇 마디로 이야기할 수는 없습니다. 길지 않은 기간이었지만 예수님의 삶은 완벽하게 압축된 모습으로 우리에게 다가왔기 때문에 단 한 번의 손짓과 단 한 단어의 말씀이라도 엄청난 의미를 품고 있기 때문입니다. 얼마나 깊은 속을 가지고 계시느냐 하면 예수님 사후 2,000여년이 지났음에도 여전히 그 말씀이 연구되고 있는 것입니다.

그럼에도 예수님의 삶이라는 주제를 간략하게라도 언급해야 하는 것은 기독교 신앙인들의 삶이 너무 예수님과의 실질적인 관계에서 멀어져 있기 때문입니다. 예수님의 실제적인 말씀은 너무 추상적이고 관념적으로 바뀌어 있고, 예수님께서 가난하고 병든 사람들과 함께 어울리던 삶은 오늘날 많은 기독교인들의 삶과는 너무 동떨어진 듯한 느낌입니다.

예수님의 공생에 이전의 삶에 관해서는 우리가 알기 어렵지만 적어도 공생애 기간 동안의 예수님의 실제 생활을 엿보고 신앙의 허상을 쫓는 것이 아니라 살아계신 예수님과의 실제적인 관계 속에서 예수님의 삶의 원리를 본받아 보고자 하는 것입니다.

▸ 온 나라를 걸어 다니셨습니다.

우선 예수님의 실제 생활은 끊임없이 이스라엘 전역을 걸어 다니는 삶이었습니다. 예수님 당시 이스라엘의 면적은 정확하게 알 수 없지만 현재 이스라엘의 면적은 약 22,000km2 정도가 되는데, 우리나라 경상북도 면적이 약 19,000km2 이니까 거의 비슷하다고 볼 수 있겠습니다. 예수님은 대개는 갈릴리와 예루살렘 사이의 도시와 마을들 중의 어디엔가 머무르셨습니다.

"예수께서 모든 도시와 마을에 두루 다니사 그들의 회당에서 가르치시며 천국 복음을 전파하시며 모든 병과 모든 약한 것을 고치시니라"(마 9:35)

한편, 가나, 나사렛, 가버나움, 벳세다, 거라사 등과 두로, 시돈 등 인접 도시와 이스라엘 북쪽의 갈릴리 바다를 중심으로 활동하셨고, 그리고 갈릴리에서 남쪽으로 사해까지 길게 흐르는 요단강 인근 길로 주로 다니셨지만, 유대 사람들이 잘 다니지 않는 사마리아와 세겜과 수가성으로도 다니셨습니다. 그리고 유대 지역의 여리고, 베다니, 예루살렘, 겟세마네 등 예루살렘을 중심으로 많이 다니셨습니다.

한편 가버나움에서는 회당에서 귀신을 쫓으시고 베드로의 장모의 열병을 고치시며 수많은 병자들을 치료하셨고, 네 사람이 들것에 태워 지붕에서 달아 내린 중풍병자를 고치셨습니다. 거라사에서는 군대귀신 들린 사람에게서 귀신들을 쫓아내시고 그 귀신들이 돼지 떼에 들어가게 하셨으며, 가버나움 회당장 야이로의 딸을 살려주셨으며, 가는 도중에 혈루병으로 12년 동안 고생하던 여인의 병을 고쳐주셨습니다.

벳새다 들판에서는 보리떡 다섯 개와 물고기 두 마리로 오천 명을 먹이는 오병이어의 기적을 베푸셨으며, 예루살렘에서 온 바리새인들과 정결예식 문제로 한 바탕 하시고 나서 북쪽의 두로에 올라가셨다가 수로보니게 여인의 믿음을 보시고 그녀의 귀신 들린 딸을 고쳐주십니다. 거기서 나와 시돈과 데가볼리를 지나 갈릴리 호수에 이르러서 귀먹고 말 더듬는 사람의 귀에 손가락을 대시고 "에바다!(열려라)" 말씀하심으로써 고쳐주셨습니다.

벳새다에서는 맹인의 눈에 두 번 안수하심으로써 고치셨고, 그 후 빌립보의 가이사랴에서 베드로의 신앙고백이 나옵니다. "주는 그리스도시요 살아계신 하나님의 아들입니다." 그로부터 6일 후에 높은 산에 올라가셨다가 예수님의 몸이 변형되어 모세와 엘리야와 대화하시는 장면을 제자들이 목격하게 됩니다. 가버나움에서는 제자들이 자리다툼을 할 때 첫째가 되고자 하면 끝이 되어야 한다고 가르치셨습니다.

예수님은 갈릴리 지역을 떠나 유대 지역으로 내려오셔서도 여전히 사람들을 가르치십니다. 그리고 예루살렘 동쪽의 감람산 벳바게와 베다니에서 어린 나귀를 타시고 예루살렘에 입성하셨습니다. 그리고 예루살렘 성전에 들어가 성전청결을 행하셨으며, 성전에서 거니시다가 대제사장들과 서기관들과 장로들과 설전을 벌이시고 포도원 농부 비유로 가르치시며 가이사에게 세금을 바쳐야 하느냐는 문제로 시험받으시고 부활에 관해 가르치셨습니다.

다시 베다니 나사로의 집에서 한 여인이 예수님의 머리에 향유를 붓는 사건이 있었고, 가룟 사람 유다는 예수님을 배반하였으며, 예루살렘의 모처에서 제자들과 함께 최후의 만찬을 함께 하시고, 베드로의 예수님 부인을 예언하셨으며, 겟세마네 동산에서는 땀이 핏방울처럼 될 정도의 간절한 기도 끝에 마침내 새벽에 무기를 든 무리들에게 붙잡히셨습니다. 그 후 로마 군병들에게 희롱과 괴롭힘을 당하시고 마침내 십자가형에 처해지셨다가 무덤에 장사되셨고, 사흘 후에 다시 살아나신 것입니다.

▸ 언제나 사람들에 둘러싸이셨습니다.

갈릴리에서는 유대, 예루살렘, 두로와 시돈에서도 사람들이 몰려왔습니다.

"예수께서 그들과 함께 내려오사 평지에 서시니 그 제자의 많은 무리와 예수의 말씀도 듣고 병 고침을 받으려고 유대 사방과 예루살렘과 두로와 시돈의 해안으로부터 온 많은 백성도 있더라"(눅 6:17)

수많은 사람들이 각종 환자들을 데리고 왔습니다. 날이 갈수록 예수님에 대한 소문이 이스라엘 전역에 퍼져나갔기 때문입니다.

"그의 소문이 온 수리아에 퍼진지라 사람들이 모든 앓는 자 곧 각종 병에 걸려서 고통당하는 자, 귀신 들린 자, 간질하는 자, 중풍병자들을 데려오니 그들을 고치시더라"(마 4:24)

심지어는 예수님의 옷에 손만 대어도 병이 다 낫습니다. 그러니 몰려올 수밖에 없습니다. 사람들은 예수님이 가시는 곳마다 점점 더 많이 모여듭니다.

"그들이 건너가 게네사렛 땅에 이르니 그 곳 사람들이 예수이신 줄을 알고 그 근방에 두루 통지하여 모든 병든 자를 예수께 데리고 와서 다만 예수의 옷자락에라도 손을 대게 하시기를 간구하니 손을 대는 자는 다 나음을 얻으니라"(마 14:34-36)

나병환자를 고친 소문이 퍼지자 사방에서 사람들이 그렇게 몰려왔습니다.
"그러나 그 사람이 나가서 이 일을 많이 전파하여 널리 퍼지게 하니 그러므로 예수께서 다시는 드러나게 동네에 들어가지 못하시고 오직 바깥 한적한 곳에 계셨으나 사방에서 사람들이 그에게로 나아오더라"(막 1:45)

귀신들린 사람들도 많이 데라고 왔습니다.
"저물매 사람들이 귀신 들린 자를 많이 데리고 예수께 오거늘 예수께서 말씀으로 귀신들을 쫓아내시고 병든 자들을 다 고치시니"(마 8:16)

이렇다 보니까 이제는 병을 고치거나 귀신을 내쫓기 위해서가 아니라 예수님의 말씀을 듣기 위해 들판에 수많은 사람들이 모였습니다.
"예수께서 이르시되 이 사람들로 앉게 하라 하시니 그

곳에 잔디가 많은지라 사람들이 앉으니 수가 오천 명쯤 되더라"(요 6:10)

심지어 최후의 순간에 법정에서도 예수님을 죽이라는 수많은 무리들에 둘러싸여 계셨습니다. 어떤 목적으로 몰려들었든지 예수님이 가시는 곳에는 항상 수많은 사람들로 북적거렸습니다.
"빌라도가 이르되 어찜이냐 무슨 악한 일을 하였느냐 그들이 더욱 소리 질러 이르되 십자가에 못 박혀야 하겠나이다 하는지라"(마 27:23)

▸ 피곤하고 지치셨습니다.

예수님은 이렇듯 사람들을 위해 오셨고 사람들을 위해 일하셨고 사람들을 위해 사셨습니다. 가르치시고 고치시고 기적을 베푸시고 바리새인들과 논쟁하셨는데, 심지어는 이른 아침부터 사람들이 예수님을 찾아옵니다. 예수님은 인간의 육신을 입고 계셨기 때문에 지칠 수밖에 없었습니다.
"예수께서 낮에는 성전에서 가르치시고 밤에는 나가 감람원이라 하는 산에서 쉬시니 모든 백성이 그 말씀을 들으려고 이른 아침에 성전에 나아가더라"(눅 21:37-38)

그 와중에 예수님을 만지려고 수많은 사람들이 몰려왔습니다. 그리고 혈루증을 앓던 한 여인도 예수님 옷자락에 몰래 손을 대었다가 고침을 받았습니다. 그냥 다니셔도 피곤하실 텐데 이리저리 인파에 밀려 힘을 쓰니 피곤하지 않을 수가 없으셨을 것입니다.

"온 무리가 예수를 만지려고 힘쓰니 이는 능력이 예수께로부터 나와서 모든 사람을 낫게 함이러라"(눅 6:19)

"이에 열두 해를 혈루증으로 앓는 중에 아무에게도 고침을 받지 못하던 여자가 예수의 뒤로 와서 그의 옷 가에 손을 대니 혈루증이 즉시 그쳤더라"(눅 8:43-44)

예수님은 그냥 다니고 가르치신 것만은 아닙니다. 더 예수님을 지치게 만드는 것은 사람들을 고치시고 귀신을 쫓아내시는 일입니다. 능력이 예수님의 육체를 통하여 나갈 때에는 그냥 일상의 활동보다 몇 갑절 몸이 피곤하게 되는 것입니다. 치유는 진을 쏟아야 하는 힘든 일입니다. 아마 예수님은 자주 지치셨을 것입니다. 게다가 너무 사람들이 많이 몰려오니까 음식을 먹을 겨를조차도 빼앗길 때가 많았을 것입니다.

"이르시되 너희는 따로 한적한 곳에 가서 잠깐 쉬어라 하시니 이는 오고 가는 사람이 많아 음식 먹을 겨를도 없

음이라"(막 6:31)

그래서 갈릴리에서 예루살렘을 향하여 가시는데 유대인들이 다니는 길이 아니라 거의 다니지 않는 사마리아를 통과하셨는지도 모릅니다. 물론 수가성의 한 여인과 그 마을에 전도하기 위해서이기도 합니다.

"거기 또 야곱의 우물이 있더라 예수께서 길 가시다가 피곤하여 우물곁에 그대로 앉으시니 때가 여섯 시쯤 되었더라"(요 4:6)

우리가 단편적으로 예수님을 생각할 때 십자가 죽으심과 부활만 떠올리기 쉽지만, 3년간의 공생애 기간 동안 사람들을 위해 얼마나 희생하셨는가에 대해서는 별로 깊게 생각하지 않습니다. 더구나 예수님의 일상에 대해서는 거의 생각하지 않는 것 같습니다. 예수님께서 사람들의 죄를 사하시기 위해 십자가에 희생되시는 것은 틀림없는 사실이지만, 우리가 예수님에 대해서 더 정확하게 알려면 예수님의 일상을 들여다볼 수 있어야 하는 것입니다.

▸ 홀로 지내실 때가 많았습니다.

그렇다면 예수님께서 피곤하고 지칠 정도로 그렇게 하나님의 일을 하시는데 과연 그 힘은 어떻게 계속해서 충전하실 수 있었을까요? 물론 육신의 힘만을 말하는 것은 아닙니다. 육체의 피로 때문에 몸을 쉬셔야 하는 것은 틀림없지만, 그것과 함께 어떻게 그렇게 하나님의 능력과 가르침을 사람들에게 끊임없이 공급하실 수가 있었을까요?

예수님도 우리들처럼 하나님의 공급이 필요하셨습니다. 성경의 기록을 볼 때 예수님은 기도를 통하여 하나님의 말씀과 능력을 공급받으셨습니다. 그러다 보니까 예수님은 한적한 곳에서 홀로 기도하실 때가 많았습니다. 엄청나게 분주한 일상 가운데에서도 예수님은 홀로 기도하는 시간을 자주 가지셨습니다.

"무리를 보내신 후에 기도하러 따로 산에 올라가시니라 저물매 거기 혼자 계시더니"(마 14:23)

"새벽 아직도 밝기 전에 예수께서 일어나 나가 한적한 곳으로 가사 거기서 기도하시더니"(막 1:35)

"예수는 물러가사 한적한 곳에서 기도하시니라"(눅 5:16)

그리고 제자들과 함께 지내실 때가 많았습니다. 함께 쉼을 가지거나 또는 예수님의 가르침 중에서 이해가 되지 않는 부분은 다시 설명해주시곤 하셨습니다. 군중들과 떨어져서 제자들을 가르치고 훈련하시는 일은 또 다른 매우 중요한 사역이었으니까요.

"비유가 아니면 말씀하지 아니하시고 다만 혼자 계실 때에 그 제자들에게 모든 것을 해석하시더라"(막 4:34)

예수님은 그렇게 분주하셨지만 분주한 일상일수록 군중들로부터 떨어지려고 하셨습니다. 예수님의 삶의 목적과는 전혀 다른 상황이 올 수도 있었기 때문입니다. 오병이어의 기적 후에는 백성들이 억지로 예수님을 왕으로 모시려는 기미가 보이자 황급하게 혼자 산으로 가셨습니다.

"그러므로 예수께서 그들이 와서 자기를 억지로 붙들어 임금으로 삼으려는 줄 아시고 다시 혼자 산으로 떠나가시니라"(요 6:15)

▸ 노숙하실 때도 많았습니다.

그렇게 사람들을 위해 온힘을 다해 섬기시다가 다들 돌아갈 때가 되면 예수님은 사람들이 모이지 않는 곳을 주로 찾아다니셨습니다. 사람들 가운데에서 원치 않는 상황을 피하기 위함과 동시에 체력과 영력을 충전하셔야 하기 때문입니다.

"이에 배를 타고 따로 한적한 곳에 갈새"(막 6:32)

"날이 밝으매 예수께서 나오사 한적한 곳에 가시니 무리가 찾다가 만나서 자기들에게서 떠나시지 못하게 만류하려 하매"(눅 4:42)

그럼에도 불구하고 사람들은 어떻게 찾았는지 또다시 예수님께로 몰려들곤 했었습니다. 그러니까 점점 더 한적한 곳을 찾게 되시는 것입니다. 그 한적한 곳이 어디이겠습니까? 결국 노숙하실 수밖에 없으셨던 것입니다.

"그러나 그 사람이 나가서 이 일을 많이 전파하여 널리 퍼지게 하니 그러므로 예수께서 다시는 드러나게 동네에 들어가지 못하시고 오직 바깥 한적한 곳에 계셨으나 사방에서 사람들이 그에게로 나아오더라"(막 1:45)

어떤 청년이 예수님의 그 화려해 보이는 활동을 보고는 예수님의 제자가 되어 예수님을 따라다니고 싶다고 했습니다. 하지만 예수님의 대답은 전혀 정반대였습니다. 날마다 노숙하니까 그것을 감당할 수 있으면 따라오라는 말씀이었습니다.

"예수께서 이르시되 여우도 굴이 있고 공중의 새도 거처가 있으되 인자는 머리 둘 곳이 없다 하시더라"(마 8:20)

예수님께서 노숙하실 수밖에 없었던 이유 중의 하나는

사람들을 피해 다니던 한적한 곳은 인적이 드물고 잠 잘 곳이나 먹을 것을 구하기도 어려운 곳들이었기 때문입니다. 세례 요한이 처음 세례를 베풀던 곳이면 어디이겠습니까? 강가와 인접해 있는 들판이었습니다.

"다시 요단강 저편 요한이 처음으로 세례 베풀던 곳에 가사 거기 거하시니"(요 10:40)

물고기 두 마리와 보리떡 다섯 개로 오천 명 이상을 먹이신 오병이어의 기적을 일으키신 것도 예수님께서 한적한 들판을 찾아가셨을 때 사람들이 엄청나게 몰려들었기 때문에 그들을 먹이기 위해 기적을 일으키셨던 것입니다. 먹을 것을 도저히 구하기 어려운 지역이었습니다.

"예수께서 들으시고 배를 타고 떠나사 따로 빈들에 가시니 무리가 듣고 여러 고을로부터 걸어서 따라간지라"(마 14:13)

▸ **쫓기셨습니다.**

예수님께서 항상 사람들에 둘러싸인 삶을 사셨지만, 그 이면에는 바리새인들이나 서기관들이 예수님을 시기하여 어떻게든지 비난하고 올무에 걸고 지속적으로 시험하는 경우가 많았습니다.

"바리새인들은 듣고 이르되 이가 귀신의 왕 바알세불을 힘입지 않고는 귀신을 쫓아내지 못하느니라 하거늘"(마 12:24)

"바리새인과 사두개인들이 와서 예수를 시험하여 하늘로부터 오는 표적 보이기를 청하니"(마 16:1)

"이에 바리새인들이 가서 어떻게 하면 예수를 말의 올무에 걸리게 할까 상의하고 자기 제자들을 헤롯 당원들과 함께 예수께 보내어 말하되 … "(마 22:15-16)

또한 직접적으로 예수님을 붙잡기 위해서도 끊임없이 시도했습니다.

"그들이 다시 예수를 잡고자 하였으나 그 손에서 벗어나 나가시니라"(요 10:39)

"예수에 대하여 무리가 수군거리는 것이 바리새인들에게 들린지라 대제사장들과 바리새인들이 그를 잡으려고 아랫사람들을 보내니"(요 7:32)

결국 예수님의 삶은 예수님을 죽이려는 세력들에 의해 끊임없이 쫓기는 삶이었습니다.

"바리새인들이 나가서 어떻게 하여 예수를 죽일까 의논하거늘 예수께서 아시고 거기를 떠나가시니 많은 사람이 따르는지라 … "(마 12:14-15)

"곧 그 때에 어떤 바리새인들이 나아와서 이르되 나가서 여기를 떠나소서 헤롯이 당신을 죽이고자 하나이다"(눅 13:31)

이처럼 예수님의 공생애 동안의 삶은 오로지 사람을 살리시고 고치시고 귀신을 쫓아내시고 가르치시고 전도하시고 잘못된 종교권력자들을 비판하시는 삶의 연속이었습니다. 사람들의 죄를 위하여 십자가를 지고 죽으심을 위하여 오셨지만 일상의 삶 자체도 오로지 사람들을 살리는 일에 모든 초점을 맞추셨습니다.

2. 예수님의 마음

- 예수님은 슬퍼하셨습니다.
- 분노하셨습니다.
- 위선자들에게는 냉정하셨습니다.
- 율법의 오해에는 안타까워하셨습니다.
- 기쁨으로 감당하셨습니다.
- 예수님은 평안하셨습니다.

성경에는 예수님의 감정들이 자주 기록되지는 않았습니다. 슬픔이나 분노를 표하신 내용이 군데군데 발견될 뿐입니다. 그렇다고 우리가 예수님의 마음을 부분적으로만 느끼는 것은 아닙니다. 직접적인 감정의 표현은 없더라도 말씀 중에서 예수님의 마음을 느낄 수 있으니까요.

▸ 예수님은 슬퍼하셨습니다.

먼저 사람들을 향한 예수님의 슬픔을 살펴보면 기본적으로 예수님의 마음을 발견할 수 있을 것입니다. 예수님은 우선 사람들의 슬픔을 느끼시면서 함께 슬퍼하십니다. 대표적으로 예수님께서 친구라고 표현하셨던 나사로가 죽었을 때 눈물을 흘리셨습니다. 하지만 예수님은 나사로가 죽었지만 다시 살리실 것을 알고 계셨습니다. 따라서 나사로가 죽은 것 때문에 눈물을 흘리신 것이 아니라 사람들이 우는 것을 보시고 비통하고 불쌍하게 여기셨던 것입니다. 주님은 슬퍼하는 사람들을 위해 함께 슬퍼하시는 분이십니다.

"예수께서 그가 우는 것과 또 함께 온 유대인들이 우는 것을 보시고 심령에 비통히 여기시고 불쌍히 여기사 이르시되 그를 어디 두었느냐 이르되 주여 와서 보옵소서 하니 예수께서 눈물을 흘리시더라"(요 11:33-35)

예수님은 방황하는 사람들을 보고 슬퍼하십니다. 병에 걸리고 죄에 사로잡히고 정신적인 고통 때문에 괴로워하며 귀신의 종이 된 채 눌려 사는 사람들을 보시고 불쌍히 여기셨습니다. 기본적으로 예수님은 사람들을 불쌍히 여기셨습니다. 그리스도인들도 이 예수님의 마음을 갖추어야 하겠습니다.

"무리를 보시고 불쌍히 여기시니 이는 그들이 목자 없는 양과 같이 고생하며 기진함이라"(마 9:36)

하지만 예수님의 더 큰 슬픔은 여호와의 나라 이스라엘이 믿음이 없음으로 말미암아 완전히 망하게 되는 일이었습니다. 예수님은 너무나도 안타까워하셨습니다. 예수님은 하나님의 도성 예루살렘이 로마에 의해 완전히 멸망당할 것을 알고 계셨습니다.

"가까이 오사 성을 보시고 우시며 이르시되 너도 오늘 평화에 관한 일을 알았더라면 좋을 뻔하였거니와 지금 네 눈에 숨겨졌도다 날이 이를지라 네 원수들이 토둔을 쌓고 너를 둘러 사면으로 가두고 또 너와 및 그 가운데 있는 네 자식들을 땅에 메어치며 돌 하나도 돌 위에 남기지 아니하리니 이는 네가 보살핌 받는 날을 알지 못함을 인함이라 하시니라"(눅 19:41-44)

그리고 2천여 년 동안 이스라엘은 세계 지도에서 사라지고 예루살렘은 이방인의 발에 짓밟힐 것을 아셨습니다.

"그들이 칼날에 죽임을 당하며 모든 이방에 사로잡혀 가겠고 예루살렘은 이방인의 때가 차기까지 이방인들에게 밟히리라"(눅 21:24)

하지만 예루살렘 성이 무너지는 것 자체보다 더 슬픈 것은 이스라엘이 하나님의 가르침을 깨닫고 회개하지 못했다는 데에 있습니다. 그토록 수많은 선지자들을 보내어 깨우치려 하셨는데도 이스라엘은 끝내 회개하지 못했던 것입니다.

"예루살렘아 예루살렘아 선지자들을 죽이고 네게 파송된 자들을 돌로 치는 자여 암탉이 제 새끼를 날개 아래에 모음 같이 내가 너희의 자녀를 모으려 한 일이 몇 번이나 그러나 너희가 원하지 아니하였도다"(눅 13:34)

그러나 예수님께서 그렇게 거룩한 슬픔만을 느끼셨던 것은 아닙니다. 예수님은 앞으로 당할 십자가 고난을 앞두고 너무나도 고민하고 슬퍼하셨습니다. 아무 힘도 되지 않을 제자들에게서 격려를 받고자 하셨습니다. 물론 세 번의 깊은 기도 끝에 마침내 결단하시고 승리하셨습니다. 이후로 예수님은 마치 아무런 감정도 없는 것처럼 고난을 감당하셨습니다.

"베드로와 세베대의 두 아들을 데리고 가실새 고민하고 슬퍼하사 이에 말씀하시되 내 마음이 매우 고민하여 죽게 되었으니 너희는 여기 머물러 나와 함께 깨어 있으라 하시고"(마 26:37-38)

▸ 분노하셨습니다.

아이러니하게도 예수님은 안식일에 사람을 살리거나 고치거나 구원하는 일을 반대하는 사람들에게 분노하셨습니다. 그들은 대부분이 바리새인들이나 서기관들이나 심지어 헤롯당의 사람들이었습니다.

"예수께서 다시 회당에 들어가시니 한쪽 손 마른 사람이 거기 있는지라 사람들이 예수를 고발하려 하여 안식일에 그 사람을 고치시는가 주시하고 있거늘 예수께서 손 마른 사람에게 이르시되 한 가운데에 일어서라 하시고 그들에게 이르시되 안식일에 선을 행하는 것과 악을 행하는 것, 생명을 구하는 것과 죽이는 것, 어느 것이 옳으냐 하시니 그들이 잠잠하거늘 그들의 마음이 완악함을 탄식하사 노하심으로 그들을 둘러보시고 그 사람에게 이르시되 네 손을 내밀라 하시니 내밀매 그 손이 회복되었더라 바리새인

들이 나가서 곧 헤롯당과 함께 어떻게 하여 예수를 죽일까 의논하니라"(막 3:1-6)

또한 제자들이 시끄럽다고 어린아이들을 내쫓을 때에 노하시고 제자들을 꾸짖으셨습니다.
"사람들이 예수께서 만져 주심을 바라고 어린아이들을 데리고 오매 제자들이 꾸짖거늘 예수께서 보시고 노하시어 이르시되 어린아이들이 내게 오는 것을 용납하고 금하지 말라 하나님의 나라가 이런 자의 것이니라 내가 진실로 너희에게 이르노니 누구든지 하나님의 나라를 어린아이와 같이 받들지 않는 자는 결단코 그 곳에 들어가지 못하리라 하시고 그 어린아이들을 안고 그들 위에 안수하시고 축복하시니라"(막 10:13-16)

그리고 예수님은 교회를 이용하여 이권을 구하는 사람들에 대해서도 크게 분노하셨습니다. 아무튼 어떤 형태이든 자기 유익을 위하여 교회를 이용하는 사람들에게 크게 분노하시는 주님이십니다.
"그들이 예루살렘에 들어가니라 예수께서 성전에 들어가사 성전 안에서 매매하는 자들을 내쫓으시며 돈 바꾸는 자들의 상과 비둘기 파는 자들의 의자를 둘러 엎으시며 아무나 물건을 가지고 성전 안으로 지나다님을 허락하지 아니하시고 이에 가르쳐 이르시되 기록된바 내 집은 만민이 기도하는 집이라 칭함을 받으리라고 하지 아니하였느냐 너희는 강도의 소굴을 만들었도다 하시매"(막 11:15-17)

▸ **위선자들에게는 냉정하셨습니다.**

예수님은 심판받아야 할 사람들에게는 아주 냉정하셨습니다. 때로는 저주까지 쏟아내셨습니다. 이미 지옥으로 가게 되어 있는 사람들에게는 아무런 연민도 미련도 없으십니다. 제자들을 가르치기 위해서이기도 하셨고 회개의 기회를 주기 위해서이기도 했습니다.

"화 있을진서 외식하는 서기관들과 바리새인들이여 너희는 천국 문을 사람들 앞에서 닫고 너희도 들어가지 않고 들어가려 하는 자도 들어가지 못하게 하는도다"(마 23:13)

"화 있을진저 외식하는 서기관들과 바리새인들이여 너희가 박하와 회향과 근채의 십일조는 드리되 율법의 더 중한 바 정의와 긍휼과 믿음은 버렸도다 그러나 이것도 행하고 저것도 버리지 말아야 할지니라"(마 23:23)

심지어 그들에게는 뱀이나 독사라는 말도 서슴지 않으셨습니다. 우리는 누가 구원받을 백성인지 알 수 없기 때문에 누구에게든지 회개하라고 권면해야 하지만 예수님은 이미 회개할 가능성이 전혀 없는 사람들에게는 심판을 선포하실 뿐이었습니다.

"뱀들아 독사의 새끼들아 너희가 어떻게 지옥의 판결을 피하겠느냐"(마 23:33)

이웃을 진실한 마음으로 사랑하지 못하고 종교적, 형식적인 율법준수에만 그친 사람들에게도 하나님의 심판이 쏟아집니다. 신앙생활은 마음으로부터 최선을 다해야 합니다.

" … 주여 우리가 어느 때에 주께서 주리신 것이나 목마르신 것이나 나그네 되신 것이나 헐벗으신 것이나 병드신 것이나 옥에 갇히신 것을 보고 공양하지 아니하더이까 이에 임금이 대답하여 이르시되 내가 진실로 너희에게 이르노니 이 지극히 작은 자 하나에게 하지 아니한 것이 곧 내게 하지 아니한 것이니라 하시리니 그들은 영벌에, 의인들은 영생에 들어가리라 하시니라"(마 25:44-46)

‣ 율법의 오해에는 안타까워하셨습니다.

율법에서 정한 이혼증서는 차선의 선물이었습니다. 그러나 이스라엘 백성들은 증서만 써주면 마음대로 이혼할 수 있는 것으로 오해했습니다.

"여짜오되 그러면 어찌하여 모세는 이혼증서를 주어서 버리라 명하였나이까 예수께서 이르시되 모세가 너희 마음의 완악함 때문에 아내 버림을 허락하였거니와 본래는 그렇지 아니하니라 내가 너희에게 말하노니 누구든지 음행한 이유 외에 아내를 버리고 다른 데 장가드는 자는 간음함이니라"(마 19:7-9)

비록 예수님의 꼬투리를 잡으려는 질문이었지만, 천국과 부활에 대해 심각하게 오해하는 사람들에 대해 안타까워하셨습니다.

"그런즉 그들이 다 그를 취하였으니 부활 때에 일곱 중의 누구의 아내가 되리이까 예수께서 대답하여 이르시되 너희가 성경도, 하나님의 능력도 알지 못하는 고로 오해하였도다 부활 때에는 장가도 아니 가고 시집도 아니 가고 하늘에 있는 천사들과 같으니라 죽은 자의 부활을 논할진대 하나님이 너희에게 말씀하신바 나는 아브라함의 하나님이요 이삭의 하나님이요 야곱의 하나님이로라 하신 것을 읽어보지 못하였느냐 하나님은 죽은 자의 하나님이 아니요 살아 있는 자의 하나님이시니라 하시니"(마 22:28-32)

만나에 대한 오해도 풀어주셨습니다.
"기록된 바 하늘에서 그들에게 떡을 주어 먹게 하였다

함과 같이 우리 조상들은 광야에서 만나를 먹었나이다 예수께서 이르시되 내가 진실로 진실로 너희에게 이르노니 모세가 너희에게 하늘로부터 떡을 준 것이 아니라 내 아버지께서 너희에게 하늘로부터 참 떡을 주시나니 하나님의 떡은 하늘에서 내려 세상에 생명을 주는 것이니라"(요 6:31-33)

바리새인들은 모르고 있었지만 안식일에 대한 오해는 이스라엘에게 큰 걸림돌이었습니다. 안식일에 대한 오해는 하나님께 대한 오해로 연결되어 있습니다. 그래서 예수님은 일부러 안식일에 사람을 고치거나 귀신을 쫓아내셨던 것입니다. 언제나 안식일 규례에 관한 오해를 예수님은 풀어주고 계셨습니다.

"모세가 너희에게 할례를 행했으니 (그러나 할례는 모세에게서 난 것이 아니요 조상들에게서 난 것이라) 그러므로 너희가 안식일에도 사람에게 할례를 행하느니라 모세의 율법을 범하지 아니하려고 사람이 안식일에도 할례를 받는 일이 있거든 내가 안식일에 사람의 전신을 건전하게 한 것으로 너희가 내게 노여워하느냐"(요 7:22-23)

"회당장이 예수께서 안식일에 병 고치시는 것을 분 내어 무리에게 이르되 일할 날이 엿새가 있으니 그 동안에 와서 고침을 받을 것이요 안식일에는 하지 말 것이니라 하거늘 주께서 대답하여 이르시되 외식하는 자들아 너희가 각각 안식일에 자기의 소나 나귀를 외양간에서 풀어내어 이끌고 가서 물을 먹이지 아니하느냐"(눅 13:14-15)

▸ **기쁨으로 감당하셨습니다.**

한편, 예수님은 그런 와중에서도 예수님의 사역을 충실하게 감당하셨습니다. 그 근원은 물론 하나님께 대한 깊은 기도였지만, 삶에서 충족시킬 수 있는 또 다른 힘은 바로 하나님으로부터 오는 기쁨이었습니다. 예수님께서 기뻐하셨다는 직접적인 기록은 많지 않지만 예수님은 거의 항상 기쁨으로 사역하셨을 것입니다. 왜냐하면 예수님은 하나님께서 기뻐하시는 일을 하시기 때문입니다.

"나를 보내신 이가 나와 함께 하시도다 나는 항상 그가 기뻐하시는 일을 행하므로 나를 혼자 두지 아니하셨느니라"(요 8:29)

그래서 예수님은 제자들이 예수님과 같은 기쁨을 누릴 수 있기를 원하셨습니다. 단순히 기뻐하기를 원하시는 것이 아니라 기쁨으로 충만하기를 원하셨습니다.

"내가 이것을 너희에게 이름은 내 기쁨이 너희 안에 있어 너희 기쁨을 충만하게 하려 함이라"(요 15:11)

그러면 예수님은 언제 가장 기뻐하셨을까요? 죄인이 회개하면 가장 크게 기뻐하셨습니다. 하나님의 사자들 앞에 기쁨이 된다는 말씀은 예수님께서도 가장 기뻐하신다는 뜻입니다.

"내가 너희에게 이르노니 이와 같이 죄인 한 사람이 회개하면 하늘에서는 회개할 것 없는 의인 아흔아홉으로 말미암아 기뻐하는 것보다 더하리라"(눅 15:7)

"내가 너희에게 이르노니 이와 같이 죄인 한 사람이 회개하면 하나님의 사자들 앞에 기쁨이 되느니라"(눅 15:10)

예수님은 비록 십자가에 달리시기 직전에 육체의 고통에 대한 두려움을 가지셨지만, 그럼에도 불구하고 핍박받을 때 예수님은 오히려 기뻐하셨습니다. 그리고 제자들에게도 핍박 받을 때 기뻐해야 한다고 가르쳐주셨습니다. 핍박받을 때 기뻐할 수 있는 이유는 선지자들이 받은 상을 함께 받게 하시기 때문입니다.

"인자로 말미암아 사람들이 너희를 미워하며 멀리하고 욕하고 너희 이름을 악하다 하여 버릴 때에는 너희에게 복이 있도다 그 날에 기뻐하고 뛰놀라 하늘에서 너희 상이 큼이라 그들의 조상들이 선지자들에게 이와 같이 하였느니라"(눅 6:22-23)

예수님은 제자들이나 백성들이 예수님의 말씀을 잘 깨달을 때 기뻐하셨습니다. 그리고 그 기쁨은 성령께서 함께하시는 기쁨이었습니다.

"그 때에 예수께서 성령으로 기뻐하시며 이르시되 천지의 주재이신 아버지여 이것을 지혜롭고 슬기 있는 자들에게는 숨기시고 어린아이들에게는 나타내심을 감사하나이다 옳소이다 이렇게 된 것이 아버지의 뜻이니이다"(눅 10:21)

"내가 갔다가 너희에게로 온다 하는 말을 너희가 들었나니 나를 사랑하였더라면 내가 아버지께로 감을 기뻐하였으리라 아버지는 나보다 크심이라"(요 14:28)

또한 예수님은 하나님의 영광을 드러내는 일을 기뻐하셨습니다. 오빠가 죽은 것을 슬퍼하며 빨리 와서 고쳐주지 않으신 것에 대한 약간의 원망이 있을 것을 아시면서도 나사로가 죽은 지 나흘 후에야 가셔서 결국 나사로를 살리심으로써 하나님의 영광이 드러날 것과 그것을 보고 믿는 사람들을 생각하시며 기뻐하셨습니다.

"내가 거기 있지 아니한 것을 너희를 위하여 기뻐하노니 이는 너희로 믿게 하려 함이라 그러나 그에게로 가자 하시니"(요 11:15)

▸ 예수님은 평안하셨습니다.

그런 여러 가지 다양한 생활의 와중에서도 예수님께서 강조하신 두 가지 마음은 기쁨과 함께 평안이었습니다. 슬픔과 분노와 냉정과 안타까움의 마음을 가지고 계시면서도 언제나 기쁨과 평안으로 돌아오곤 하셨습니다. 그래서 예수님은 세상의 평안과는 다른 예수님만의 평안을 주시면서 걱정하지도 두려워하지도 말라고 권면하셨습니다.

"평안을 너희에게 끼치노니 곧 나의 평안을 너희에게 주노라 내가 너희에게 주는 것은 세상이 주는 것과 같지 아니하니라 너희는 마음에 근심하지도 말고 두려워하지도 말라"(요 14:27)

또한 예수님은 그 평안은 언제나 아버지 하나님과 동행하시는 가운데에서 나오는 것이라고 말씀하셨습니다. 그 평안은 세상의 환난이나 핍박이 오더라도 담대한 데에서 나오는 평안이었습니다. 왜냐하면 예수님께서 죄와 사망과 사탄의 권세에 대해 이미 승리하셨기 때문입니다.

"보라 너희가 다 각각 제 곳으로 흩어지고 나를 혼자 둘 때가 오나니 벌써 왔도다 그러나 내가 혼자 있는 것이 아니라 아버지께서 나와 함께 계시느니라 이것을 너희에게 이르는 것은 너희로 내 안에서 평안을 누리게 하려 함이라

세상에서는 너희가 환난을 당하나 담대하라 내가 세상을 이기었노라"(요 16:32-33)

그리고 이 평안은 구원받은 백성들에게서 나타날 수 있는 공통점이라고 말씀하셨습니다. 믿음으로 구원받은 많은 사람들에게 예수님은 평안을 축복으로 주셨습니다.

"여자가 자기에게 이루어진 일을 알고 두려워하여 떨며 와서 그 앞에 엎드려 모든 사실을 여쭈니 예수께서 이르시되 딸아 네 믿음이 너를 구원하였으니 평안히 가라 네 병에서 놓여 건강할지어다"(막 5:33-34)

"이러므로 내가 네게 말하노니 그의 많은 죄가 사하여졌도다 이는 그의 사랑함이 많음이라 사함을 받은 일이 적은 자는 적게 사랑하느니라 이에 여자에게 이르시되 네 죄 사함을 받았느니라 하시니 함께 앉아 있는 자들이 속으로 말하되 이가 누구이기에 죄도 사하는가 하더라 예수께서 여자에게 이르시되 네 믿음이 너를 구원하였으니 평안히 가라 하시니라"(눅 7:47-50)

그래서 주님께서 주시는 그 평안으로 사람들을 축복하라고 가르치셨습니다. 기독교인들이 어느 집에 들어가든지 평안을 빌어야 하는 이유입니다.

"어느 집에 들어가든지 먼저 말하되 이 집이 평안할지어다 하라 만일 평안을 받을 사람이 거기 있으면 너희의 평안이 그에게 머물 것이요 그렇지 않으면 너희에게로 돌아오리라"(눅 10:5-6)

그래서 주님께서도 부활하신 후에 무덤으로 온 여인들에게 평안을 물으셨습니다. 질문이지만 제자들에게 하늘의 평안을 누리라고 말씀하신 것이었습니다.
"예수께서 그들을 만나 이르시되 평안하냐 하시거늘 여자들이 나아가 그 발을 붙잡고 경배하니"(마 28:9)

3. 예수님의 가르침

- 팔복은 예수님의 가르침의 핵심입니다.
- 산상수훈은 예수님의 가르침의 집약입니다.
- 예수님은 종교적 오해를 풀어주셨습니다.
- 예수님은 스스로가 누구인가를 선포하셨습니다.
- 예수님은 비유로 가르쳐주셨습니다.
- 천국도 비유로 가르치셨습니다.
- 예수님의 가르침의 목적이 있습니다.

예수님의 일상 중에서 가장 핵심적인 일은 선포하시고 가르치신 일일 것입니다. 선포는 하나님의 권위로 구원의 복음을 만백성에게 공표하신 것이고, 가르침은 구원의 원리를 비유 등을 통하여 설명하신 것입니다.

"그 후에 예수께서 각 성과 마을에 두루 다니시며 하나님의 나라를 선포하시며 그 복음을 전하실새 열두 제자가 함께 하였고"(눅 8:1)

"예수께서 온 갈릴리에 두루 다니사 그들의 회당에서 가르치시며 천국 복음을 전파하시며 백성 중의 모든 병과 모든 약한 것을 고치시니"(마 4:23)

▸ **팔복은 예수님의 가르침의 핵심입니다.**

산상수훈은 갈릴리 호수 근처 산에서 군중들에게 행하신 가르침을 말합니다. 주로 마태복음 5장부터 7장까지 기록되어 있습니다. 그 중에서 예수님은 팔복을 먼저 가르치셨습니다. 많은 사람들이 팔복을 누구도 감히 도달할 수 없는 어떤 가치기준으로 생각하고 있지만, 팔복은 예수님을 영접한 사람들의 심령상태를 말하는 것입니다. 따라서 팔복에 이르려고 애를 쓰는 것이 아니라 팔복을 잃어버리지 않도록 애를 쓰는 것이며, 잃어버린 팔복을 회복하는 데 힘을 쓰는 것입니다.

그 중 앞부분은 하나님과의 관계에서의 참된 심령상태를 말합니다. 그런데 심령상태가 채워지면 하나님께서 주시는 상은 천국(이 땅에서의), 위로, 땅(영향력), 배부름 등입니다.

"심령이 가난한 자는 복이 있나니 천국이 그들의 것임이요 애통하는 자는 복이 있나니 그들이 위로를 받을 것임이요 온유한 자는 복이 있나니 그들이 땅을 기업으로 받을 것임이요 의에 주리고 목마른 자는 복이 있나니 그들이 배부를 것임이요"(마 5:3-6)

팔복의 후반부는 주로 사람과의 관계에서 가져야 할 태도를 말하고 있습니다. 그런데 사람에게 훌륭한 태도를 가지면 하나님은 긍휼히 여김(하나님으로부터), 하나님을 보는 것, 하나님의 아들, 천국을 부어주시게 됩니다.

"긍휼히 여기는 자는 복이 있나니 그들이 긍휼히 여김을 받을 것임이요 마음이 청결한 자는 복이 있나니 그들이 하나님을 볼 것임이요 화평하게 하는 자는 복이 있나니 그들이 하나님의 아들이라 일컬음을 받을 것임이요 의를 위하여 박해를 받은 자는 복이 있나니 천국이 그들의 것임이라"(마 5:7-10)

그러니까 팔복이란 하나님과의 관계에서 올바른 마음을 가지면 세상에서 상을 주시고, 사람과의 관계를 복되게 하면 하늘의 상이 주어지는 복이라는 것입니다. 그래서 이 땅에서 박해를 받으면 하늘에서 큰 상이 주어지는 것입니다.

"나로 말미암아 너희를 욕하고 박해하고 거짓으로 너희를 거슬러 모든 악한 말을 할 때에는 너희에게 복이 있나니 기뻐하고 즐거워하라 하늘에서 너희의 상이 큼이라 너희 전에 있던 선지자들도 이같이 박해하였느니라"(마 5:11-12)

▸ 산상수훈은 예수님의 가르침의 집약입니다.

팔복으로 시작되는 산상수훈은 수많은 예수님의 가르침의 보고라고 할 수 있습니다. 그리스도인은 세상의 빛이요 소금이라는 선포는 예수님의 가르치심의 중심적인 교훈입니다. 비록 추상적인 표현이기는 하지만 교회 안에서가 아니라 세상 속에서 어떻게 살아야 참된 인생인지를 축약하여 가르쳐주신 것입니다.

"너희는 세상의 소금이니 소금이 만일 그 맛을 잃으면 무엇으로 짜게 하리요 후에는 아무 쓸 데 없어 다만 밖에 버려져 사람에게 밟힐 뿐이니라 너희는 세상의 빛이라 산

위에 있는 동네가 숨겨지지 못할 것이요 사람이 등불을 켜서 말 아래에 두지 아니하고 등경 위에 두나니 이러므로 집 안 모든 사람에게 비치느니라 이같이 너희 빛이 사람 앞에 비치게 하여 그들로 너희 착한 행실을 보고 하늘에 계신 너희 아버지께 영광을 돌리게 하라"(마 5:13-16)

산상수훈의 모든 가르침을 한 마디로 하면 진실과 사랑입니다. 노하지 말라, 간음하지 말라, 맹세하지 말라, 악한 자를 대적하지 말라, 사람에게 보이려고 금식하거나 기도하지 말라, 비판하지 말라는 금지에 관한 수훈이 있습니다.

"나는 너희에게 이르노니 악한 자를 대적하지 말라 누구든지 네 오른편 뺨을 치거든 왼편도 돌려 대며"(마 5:39)

"금식할 때에 너희는 외식하는 자들과 같이 슬픈 기색을 보이지 말라 그들은 금식하는 것을 사람에게 보이려고 얼굴을 흉하게 하느니라 내가 진실로 너희에게 이르노니 그들은 자기 상을 이미 받았느니라"(마 6:16)

"비판을 받지 아니하려거든 비판하지 말라 너희가 비판하는 그 비판으로 너희가 비판을 받을 것이요 너희가 헤아리는 그 헤아림으로 너희가 헤아림을 받을 것이니라"(마 7:1-2)

그리고 적극적인 가르침으로는 원수를 사랑하라, 하나님의 나라를 위하여 먼저 기도하라, 구제를 은밀하게 하라, 보물을 하늘에 쌓아두라, 구하고 찾고 두드려라, 좁은 문으로 들어가라, 주여 주여 부르지만 말고 하나님의 뜻대로 실천하라는 내용들입니다. 세상의 가르침과는 완전히 반대로 가르치셨습니다.

"또 네 이웃을 사랑하고 네 원수를 미워하라 하였다는 것을 너희가 들었으나 나는 너희에게 이르노니 너희 원수를 사랑하며 너희를 박해하는 자를 위하여 기도하라"(마 5:43-44)

"오직 너희를 위하여 보물을 하늘에 쌓아 두라 거기는 좀이나 동록이 해하지 못하며 도둑이 구멍을 뚫지도 못하고 도둑질도 못하느니라 네 보물 있는 그 곳에는 네 마음도 있느니라"(마 6:19-20)

"좁은 문으로 들어가라 멸망으로 인도하는 문은 크고 그 길이 넓어 그리로 들어가는 자가 많고 생명으로 인도하는 문은 좁고 길이 협착하여 찾는 자가 적음이라"(마 7:13-14)

▸ 예수님은 종교적 오해를 풀어주셨습니다.

살인하지 말라는 계명은 십계명 중에서 제6계명인데, 사람들은 단순히 살인만 하지 않으면 6계명을 지키는 것으로 생각했지만 원래 하나님의 뜻은 마음속으로 누구를 미워하기만 해도 계명을 범하는 것이라는 말씀입니다. 다만 사람이 미약하니까 하나님께서 최소한의 범위를 만들어주신 것인데 이스라엘은 그것을 최상의 것으로 생각하고 있었던 것입니다. 하나님의 마음을 알아야 합니다.

"옛 사람에게 말한바 살인하지 말라 누구든지 살인하면 심판을 받게 되리라 하였다는 것을 너희가 들었으나 나는 너희에게 이르노니 형제에게 노하는 자마다 심판을 받게 되고 형제를 대하여 라가라 하는 자는 공회에 잡혀가게 되고 미련한 놈이라 하는 자는 지옥 불에 들어가게 되리라"(마 5:21-22)

제7계명인 간음하지 말라는 말씀도 단순히 간음만 하지 않으면 되는 것이 아니라 여자를 인격으로 대하지 않고 정욕의 대상으로 대하는 것을 금지하는 것이 하나님의 마음입니다.

"또 간음하지 말라 하였다는 것을 너희가 들었으나 나는 너희에게 이르노니 음욕을 품고 여자를 보는 자마다 마음에 이미 간음하였느니라"(마 5:27-28)

이혼에 대해서는 십계명에 뚜렷하게 나온 것은 아니지만 모세의 법에 따라 이혼증서를 써주면 마음대로 이혼하는 것으로 알고 있었는데 그것은 최소한의 차선책으로 주신 것임을 그들은 알지 못했고 예수님은 이 점을 가르쳐주신 것입니다.

"또 일렀으되 누구든지 아내를 버리려거든 이혼 증서를 줄 것이라 하였으나 나는 너희에게 이르노니 누구든지 음행한 이유 없이 아내를 버리면 이는 그로 간음하게 함이요 또 누구든지 버림받은 여자에게 장가드는 자도 간음함이니라"(마 5:31-32)

원수 갚음의 원리와 기준은 자신이 당한 대로 똑같이 갚아주는 것이라고 생각했습니다만, 이것도 최소한의 갚음으로 원수맺음을 중지하라는 차선의 계명입니다. 왜냐하면 원수를 맺게 되면 더 강하고 심하게 갚게 되어 있고 상대방도 또 그보다 더 크게 앙갚음하려고 하기 때문에 그런 악순환을 끊기 위해 당한 만큼만 갚으라는 계명을 주신 것입니다. 그러나 하나님의 원래 마음은 아예 원수 갚음을 행하지 말라는 것입니다.

"또 눈은 눈으로, 이는 이로 갚으라 하였다는 것을 너희가 들었으나 나는 너희에게 이르노니 악한 자를 대적하지 말라 누구든지 네 오른편 **뺨**을 치거든 왼편도 돌려 대며"(마 5:38-39)

이웃을 사랑하고 원수를 미워하라는 말씀은 이방의 우상숭배 등으로 말미암아 여호와 신앙이 훼손될 것을 아시고 순수신앙을 지키라는 의미에서 그렇게 하신 것입니다. 하지만 하나님은 모든 인간의 하나님이시지 이스라엘만의 하나님인 것은 아닙니다. 이스라엘은 이 점을 오해하여 이방인을 마치 개 취급하듯이 했던 것입니다.

"또 네 이웃을 사랑하고 네 원수를 미워하라 하였다는 것을 너희가 들었으나 나는 너희에게 이르노니 너희 원수를 사랑하며 너희를 박해하는 자를 위하여 기도하라"(마 5:43-44)

이처럼 예수님의 산상수훈의 기본적인 목적은 하나님의 복된 말씀이 율법(계명) 속에 갇혀버림으로써 형식화, 종교화되어버린 이스라엘을 깨우기 위한 가르침이었던 것입니다.

▸ 예수님은 스스로가 누구인가를 선포하셨습니다.

한편 예수님께서는 스스로가 누구인가를 자주 선포하셨습니다. 우선 예수님은 예수님 자신을 생명의 떡, 살아있는 떡으로 말씀하셨습니다. 이 떡은 말씀을 가리키는 것으로, 말씀 자체이신 예수님께서 말씀을 취하는 사람은 마치 예수님을 먹는 것과 같이 살아있는 생명을 취하게 됨을 말씀하시는 것입니다.

"예수께서 이르시되 나는 생명의 떡이니 내게 오는 자는 결코 주리지 아니할 터이요 나를 믿는 자는 영원히 목마르지 아니하리라"(요 6:35)

"나는 하늘에서 내려온 살아 있는 떡이니 사람이 이 떡을 먹으면 영생하리라 내가 줄 떡은 곧 세상의 생명을 위한 내 살이니라 하시니라"(요 6:51)

예수님은 스스로를 세상의 빛이라고 말씀하시고, 예수님을 따르는 사람들은 어둠이 아니라 빛과 생명을 얻게 된다고 가르쳐주셨습니다.

"예수께서 또 말씀하여 이르시되 나는 세상의 빛이니 나를 따르는 자는 어둠에 다니지 아니하고 생명의 빛을 얻으리라"(요 8:12)

또한 예수님은 양의 문이라고 선포하셨습니다. 하나님께로 가는 문, 천국으로 통하는 문, 구원의 문이 바로 예수님인 것입니다. 양의 문을 통해야 풍성한 생명을 얻을 수 있습니다.

"그러므로 예수께서 다시 이르시되 내가 진실로 진실로 너희에게 말하노니 나는 양의 문이라 나보다 먼저 온 자는

다 절도요 강도니 양들이 듣지 아니하였느니라 내가 문이니 누구든지 나로 말미암아 들어가면 구원을 받고 또는 들어가며 나오며 꼴을 얻으리라"(요 10:7-9)

예수님께서는 스스로를 하나님의 아들이라고 말씀하셨습니다. 육신의 눈으로는 하나님의 아들이라는 점을 느낄 수 없을지 모르지만 예수님께서 하시는 일을 보고 하나님의 아들임을 믿으라는 것입니다.

"하물며 아버지께서 거룩하게 하사 세상에 보내신 자가 나는 하나님의 아들이라 하는 것으로 너희가 어찌 신성모독이라 하느냐 만일 내가 내 아버지의 일을 행하지 아니하거든 나를 믿지 말려니와 내가 행하거든 나를 믿지 아니할지라도 그 일은 믿으라 그러면 너희가 아버지께서 내 안에 계시고 내가 아버지 안에 있음을 깨달아 알리라 하시니"(요 10:36-38)

당연히 예수님은 부활을 선포하십니다. 부활이란 죽음이라는 마귀의 권세를 이겨내시는 것이므로 이 부활을 믿는 사람은 참된 생명 곧 영원한 생명을 얻게 되는 것입니다.

"예수께서 이르시되 나는 부활이요 생명이니 나를 믿는 자는 죽어도 살겠고 무릇 살아서 나를 믿는 자는 영원히

죽지 아니하리니 이것을 네가 믿느냐"(요 11:25-26)

그리고 너무나도 유명한 예수님의 선포가 나옵니다. 예수님은 길이요 진리요 생명이십니다. 그것도 유일한 길과 진리와 생명이신 것입니다.
"예수께서 이르시되 내가 곧 길이요 진리요 생명이니 나로 말미암지 않고는 아버지께로 올 자가 없느니라"(요 14:6)

한 가지 덧붙인다면 예수님의 선포를 다 믿고 인생의 무거운 짐을 예수님께 다 맡기면 쉽고 가벼운 짐을 지고 인생을 승리할 수 있다는 가르침을 꼭 받아야 하겠습니다.
"수고하고 무거운 짐 진 자들아 다 내게로 오라 내가 너희를 쉬게 하리라 나는 마음이 온유하고 겸손하니 나의 멍에를 메고 내게 배우라 그리하면 너희 마음이 쉼을 얻으리니 이는 내 멍에는 쉽고 내 짐은 가벼움이라 하시니라"(마 11:28-30)

▸ 예수님은 비유로 가르쳐주셨습니다.

예수님은 많은 경우에 사람들이 잘 이해하지 못할 만한 진리들은 여러 가지 비유를 통하여 설명해주셨습니다. 유명한 씨 뿌리는 비유는 말씀의 씨가 뿌려지고 자라나는 네 가지 심령 밭에 관한 설명입니다. 이 비유는 심령 밭에 따라 자라는 정도가 다른 것을 말씀하심과 동시에 말씀의 씨앗이 성장하는 과정에 대한 설명이기도 한 것입니다.

"씨를 뿌리는 자가 그 씨를 뿌리러 나가서 뿌릴새 더러는 길 가에 떨어지매 밟히며 공중의 새들이 먹어버렸고 더러는 바위 위에 떨어지매 싹이 났다가 습기가 없으므로 말랐고 더러는 가시떨기 속에 떨어지매 가시가 함께 자라서 기운을 막았고 더러는 좋은 땅에 떨어지매 나서 백 배의 결실을 하였느니라 이 말씀을 하시고 외치시되 들을 귀 있는 자는 들을지어다"(눅 8:5-8)

불의한 재판장 비유는 억울한 과부가 악한 재판장에게 끊임없이 찾아가서 민원을 넣을 때 귀찮아서라도 원한을 풀어준다는 이야기로, 하나님께 포기하지 말고 끝까지 기도해야 한다는 비유입니다.

"이 과부가 나를 번거롭게 하니 내가 그 원한을 풀어 주리라 그렇지 않으면 늘 와서 나를 괴롭게 하리라 하였느니라 주께서 또 이르시되 불의한 재판장이 말한 것을 들으라 하물며 하나님께서 그 밤낮 부르짖는 택하신 자들의 원한을 풀어 주지 아니하시겠느냐 그들에게 오래 참으시겠느냐"(눅 18:5-7)

너무나도 유명한 달란트 비유는 각자에게 재능에 따라 다섯 달란트, 두 달란트, 한 달란트를 맡겼을 때 각각 다섯 달란트, 두 달란트를 남겼지만 한 달란트 받은 사람은 땅에 그냥 묻어두었다는 이야기로, 각 사람에게 주어진 분량을 따라 게으르지 않고 최선을 다해 일해야 함을 말씀하시는 비유입니다. 하나님 나라의 영적 상태는 있는 자는 더 많이 있게 되고 없는 자는 있는 것도 빼앗기게 된다는 말씀입니다.

"그에게서 그 한 달란트를 빼앗아 열 달란트 가진 자에게 주라 무릇 있는 자는 받아 풍족하게 되고 없는 자는 그 있는 것까지 빼앗기리라 이 무익한 종을 바깥 어두운 데로 내쫓으라 거기서 슬피 울며 이를 갈리라 하니라"(마 25:28-30)

또한 돌아온 탕자의 비유도 널리 알려져 있는데, 아버지의 재산을 받아서 타국에서 다 허비해버린 방탕한 아들일지라도 뉘우치고 자기를 낮추어서 아버지에게로 돌아오면 다 용서해주신다는 내용입니다. 곧 이방인일지라도 하나님께로 돌이키기만 하면 다 용서받고 천국백성이 될 수 있다는 말씀입니다.

"아들이 이르되 아버지 내가 하늘과 아버지께 죄를 지었사오니 지금부터는 아버지의 아들이라 일컬음을 감당하지 못하겠나이다 하나 아버지는 종들에게 이르되 제일 좋은 옷을 내어다가 입히고 손에 가락지를 끼우고 발에 신을 신기라 그리고 살진 송아지를 끌어다가 잡으라 우리가 먹고 즐기자 이 내 아들은 죽었다가 다시 살아났으며 내가 잃었다가 다시 얻었노라 하니 그들이 즐거워하더라"(눅 15:21-24)

 이 밖에도 포도원 농부의 비유, 어리석은 부자의 비유, 양과 목자의 비유 등 크고 작은 비유들이 예수님의 가르침의 상당한 부분을 차지하고 있습니다. 한편 예수님께서 비유로 자주 가르치신 까닭은 창세 전부터 감추어져 있던 말씀의 비밀을 풀어주시기 위함입니다. 물론 이 비유가 어떤 사람에게는 오히려 더 알기 어려운 현상으로 나타나지만, 그런 사람은 아직 천국의 비밀을 알아들을 만한 상태가 아님을 드러내고 있는 것입니다.
 "예수께서 이 모든 것을 무리에게 비유로 말씀하시고 비유가 아니면 아무 것도 말씀하지 아니하셨으니 이는 선지자를 통하여 말씀하신바 내가 입을 열어 비유로 말하고 창세부터 감추인 것들을 드러내리라 함을 이루려 하심이라"(막 4:33-34)

▸ 천국도 비유로 가르치셨습니다.

그런 의미에서 예수님의 천국에 대한 가르침은 비유가 아니면 설명하실 수가 없었을 것입니다. 천국에 대한 비유는 사람으로서는 정확하게 알 수도 없고 겪을 수도 없는 천국을 사람들이 최대한 알아들을 수 있도록 쉽게 풀어서 설명하시는 것입니다.

천국은 마치 겨자씨 한 알과 같습니다. 아주 작은 씨가 심겨져서 자라는데 나중에는 새들이 깃들일 정도로 크게 된다는 비유로 천국의 역동성, 확장성을 말씀하고 있습니다.

"또 이르시되 우리가 하나님의 나라를 어떻게 비교하며 또 무슨 비유로 나타낼까 겨자씨 한 알과 같으니 땅에 심길 때에는 땅 위의 모든 씨보다 작은 것이로되 심긴 후에는 자라서 모든 풀보다 커지며 큰 가지를 내나니 공중의 새들이 그 그늘에 깃들일 만큼 되느니라"(막 4:30-32)

누룩의 비유도 마찬가지입니다. 빵이 어떻게 부풀어지는지 눈으로 식별할 수는 없지만 어느 새 크게 자라 엄청난 확장을 이루는 모습이 마치 천국과 같다는 말씀입니다.

"또 비유로 말씀하시되 천국은 마치 여자가 가루 서 말

속에 갖다 넣어 전부 부풀게 한 누룩과 같으니라"(마 13:33)

감추어진 보화, 진주장사의 비유는 천국은 이 세상의 육신적이고 세상적인 모든 것을 버려서라도 반드시 들어가야 할 곳임을 가르치고 있습니다.

"천국은 마치 밭에 감추인 보화와 같으니 사람이 이를 발견한 후 숨겨 두고 기뻐하며 돌아가서 자기의 소유를 다 팔아 그 밭을 사느니라 또 천국은 마치 좋은 진주를 구하는 장사와 같으니 극히 값진 진주 하나를 발견하매 가서 자기의 소유를 다 팔아 그 진주를 사느니라"(마 13:44-46)

물고기 비유는 마지막 때에 믿음이 있는 사람과 믿음이 없는 사람으로 선별하여 천국에 들어간다는 말씀입니다.

"또 천국은 마치 바다에 치고 각종 물고기를 모는 그물과 같으니 그물에 가득하매 물 가로 끌어내고 앉아서 좋은 것은 그릇에 담고 못된 것은 내버리느니라"(마 13:47-48)

열 처녀 비유는 친구의 신랑을 맞으려는 들러리 처녀들의 이야기인데 기름을 준비하지 못한 처녀들은 혼인잔치에 들어가지 못하고 미리 기름을 준비한 처녀들만 신랑을 맞이할 수 있다는 말씀입니다. 천국은 세상 속에 묻히지 않고 천국을 준비하는 깨어있는 마음으로 세상을 살아가는 사람들에게 주어진다는 것입니다.

"그 후에 남은 처녀들이 와서 이르되 주여 주여 우리에게 열어 주소서 대답하여 이르되 진실로 너희에게 이르노니 내가 너희를 알지 못하노라 하였느니라 그런즉 깨어 있으라 너희는 그 날과 그 때를 알지 못하느니라"(마 25:11-13)

천국잔치 비유는 세상에서 잘 난 사람은 바쁜 일 때문에 잔치에 오는 것을 거절하지만 소외되고 가난한 사람들은 바쁜 일도 없고 가진 것도 없기 때문에 천국잔치에 참여하게 된다는 말씀입니다. 세상에 마음을 빼앗기면 천국에서는 멀어질 뿐입니다.

"주인이 종에게 이르되 길과 산울타리 가로 나가서 사람을 강권하여 데려다가 내 집을 채우라 내가 너희에게 말하노니 전에 청하였던 그 사람들은 하나도 내 잔치를 맛보지 못하리라 하였다 하시니라"(눅 14:23-24)

▸ **예수님의 가르침의 목적이 있습니다.**

예수님의 가르침을 교훈이라고 부르는 경우가 있습니다만, 교훈이라고 하기에는 생명력이 너무나도 넘치는 것을 느낄 수 있습니다. 예수님의 가르침을 배운다는 것은 그 가르침을 실천한다는 기본 전제가 깔려 있습니다. 예수님의 가르침은 도덕적인 행동기준을 제시하신다거나 윤리강령을 말씀하시는 정도가 아닙니다. 예수님의 가르침은 그것을 실천할 때 생명으로 변화된다는 특징이 있습니다. 그리고 그 가르침의 결과는 반드시 저 천국에서 열매로 거두어지는 것입니다.

"그러므로 누구든지 이 계명 중의 지극히 작은 것 하나라도 버리고 또 그같이 사람을 가르치는 자는 천국에서 지극히 작다 일컬음을 받을 것이요 누구든지 이를 행하며 가르치는 자는 천국에서 크다 일컬음을 받으리라"(마 5:19)

그래서 예수님은 천국에 가려면 가르침을 받는 사람이 아니라 그 가르침대로 행하는 사람이 되어야 한다고 강조하시는 것입니다.

"나더러 주여 주여 하는 자마다 다 천국에 들어갈 것이 아니요 다만 하늘에 계신 내 아버지의 뜻대로 행하는 자라야 들어가리라"(마 7:21)

가르침을 받고 그대로 행하면 마치 반석 위에 지은 집처럼 결코 흔들리지 않습니다. 그만큼 영원히 변치 않는 생명의 주인공이 되는 것입니다.

"그러므로 누구든지 나의 이 말을 듣고 행하는 자는 그 집을 반석 위에 지은 지혜로운 사람 같으리니 비가 내리고 창수가 나고 바람이 불어 그 집에 부딪치되 무너지지 아니하나니 이는 주추를 반석 위에 놓은 까닭이요"(마 7:24-25)

그래서 예수님은 예수님의 가르침, 곧 하나님의 뜻대로 행하고 살아가는 사람은 누구든지 예수님의 어머니요 형제요 가족이 된다고 말씀하셨습니다. 이것이 예수님께서 선포하시고 전파하시고 가르치시고 비유로 설명하신 목적인 것입니다.

"누구든지 하나님의 뜻대로 행하는 자가 내 형제요 자매요 어머니이니라"(막 3:35)

4. 예수님의 기도

- 예수님은 사람들을 위해 기도하셨습니다.
- 감사의 기도를 많이 하셨습니다.
- 기도 방식의 본을 보이셨습니다.
- 하나님을 영화롭게 하는 기도를 하셨습니다.
- 예수님이 누구이신지를 알고 기도해야 합니다.
- 기도의 전제조건이 있습니다.
- 이렇게 기도하면 안 됩니다.

예수님의 3대 사역을 가르치시고 선포하시고 고치시는 것이라고 합니다. 그러나 3대 사역과 동등한 또 하나의 활동을 꼽으라면 주저 없이 예수님의 기도사역을 이야기할 수 있습니다. 기도가 빠진 예수님의 삶은 상상할 수 없을 것입니다. 그만큼 예수님의 공생애는 기도로 점철된 삶이라고 할 수 있습니다. 예수님은 친히 기도의 삶과 모본을 보이셨고, 주기도문을 가르쳐 주셨으며, 기도에 대해 수많은 가르침들을 주셨습니다.

예수님은 요한으로부터 세례를 받고 나서 기도하셨습니다. 이 기도는 특히 예수님의 구원사역을 위한 첫 번째 기도였습니다. 앞으로 수많은 인간의 구원을 위해 십자가를 지시기 위한 모든 사역이 이 기도에 포함되어 있었을 것입니다. 이처럼 예수님은 처음부터 기도로 하나님의 일을 시작하셨습니다. 그리고 하나님은 성령님과 함께 예수님께 나타나셔서 승리할 수 있도록 힘을 주시고 하나님의 아들로서의 증거를 주셨습니다.

"백성이 다 세례를 받을새 예수도 세례를 받으시고 기도하실 때에 하늘이 열리며 성령이 비둘기 같은 형체로 그의 위에 강림하시더니 하늘로부터 소리가 나기를 너는 내 사랑하는 아들이라 내가 너를 기뻐하노라 하시니라"(눅 3:21)

▸ 예수님은 사람들을 위해 기도하셨습니다.

 예수님께서 가장 중요하게 생각하셨던 일이 바로 제자들을 택하시는 일이었습니다. 사도를 택하시기 위해 밤이 새도록 기도하셨는데 예수님께서 철야기도하신 것은 고난 당하시던 날과 제자들을 택하시기 위한 기도 두 번밖에는 없었습니다. 그만큼 사람을 세우는 일은 예수님께도 아주 중요한 일이었습니다.

 "이 때에 예수께서 기도하시러 산으로 가사 밤이 새도록 하나님께 기도하시고 밝으매 그 제자들을 부르사 그 중에서 열둘을 택하여 사도라 칭하셨으니"(눅 6:12-13)

 물론 예수님께서 제자들을 위해 기도하신 것이 그것 뿐만은 아니었습니다. 예수님께서 십자가에 달리실 때에 제자들이 사탄의 시험에 빠질 것을 아시고 제자들의 믿음을 위하여 기도하셨습니다. 그리고 그 기도는 후에 성령강림하신 후에 위대한 사명을 감당할 것을 위한 사전기도였습니다.

 "시몬아 시몬아 보라 사탄이 너희를 밀 까부르듯 하려고 요구하였으나 그러나 내가 너를 위하여 네 믿음이 떨어지지 않기를 기도하였노니 너는 돌이킨 후에 네 형제를 굳게

하라"(눅 22:31-32)

　비단 제자들을 위한 기도만 하신 것은 아닙니다. 가능한 한 모든 사람들이 예수님을 믿고 하나님께 영광을 돌려드릴 수 있기를 위하여 기도하셨습니다. 사람들을 살리고 구원에 이르도록 하기 위한 예수님의 지속적이고 깊은 기도였습니다.
　"돌을 옮겨 놓으니 예수께서 눈을 들어 우러러 보시고 이르시되 아버지여 내 말을 들으신 것을 감사하나이다 항상 내 말을 들으시는 줄을 내가 알았나이다 그러나 이 말씀 하옵는 것은 둘러선 무리를 위함이니 곧 아버지께서 나를 보내신 것을 그들로 믿게 하려 함이니이다"(요 11:41-42)

　물론 예수님의 기도는 사람들 중에서도 예수님을 믿고 따르는 사람들을 위한 기도였습니다. 사람들을 위한 기도라는 것은 그들 중에서 구원받을 사람들을 위한 기도인 것입니다.
　"내가 그들을 위하여 비옵나니 내가 비옵는 것은 세상을 위함이 아니요 내게 주신 자들을 위함이니이다 그들은 아버지의 것이로소이다"(요 17:9)

하지만 예수님의 기도는 그 당시 제자들만을 위한 기도는 아니었습니다. 그 제자들로 인하여 믿을 사람들, 곧 오늘날 성도들을 위한 기도이기도 했습니다.

"내가 비옵는 것은 이 사람들만 위함이 아니요 또 그들의 말로 말미암아 나를 믿는 사람들도 위함이니"(요 17:20)

그리고 예수님의 기도는 예수님의 모든 제자들, 곧 오늘날의 모든 그리스도인들과 모든 교회가 하나가 되기를 위한 기도였습니다. 결국은 기도의 모든 초점은 사람이어야 한다는 말씀입니다.

"아버지여, 아버지께서 내 안에, 내가 아버지 안에 있는 것 같이 그들도 다 하나가 되어 우리 안에 있게 하사 세상으로 아버지께서 나를 보내신 것을 믿게 하옵소서 … 곧 내가 그들 안에 있고 아버지께서 내 안에 계시어 그들로 온전함을 이루어 하나가 되게 하려 함은 아버지께서 나를 보내신 것과 또 나를 사랑하심 같이 그들도 사랑하신 것을 세상으로 알게 하려 함이로소이다"(요 17:21, 23)

▸ 감사의 기도를 많이 하셨습니다.

예수님은 우리의 아픔과 고통을 위하여 내어주신 육체

를 기념하는 떡을 나누기 전에 먼저 감사기도를 드리셨습니다. 곧 이어 죽음을 맞이하셔야 하는 주님께서 그 고통을 아시면서 하나님께 먼저 감사기도를 드리신 것입니다. 왜냐하면 예수님의 육체의 고통이 믿는 사람들로 하여금 육체적, 영적 질병과 아픔을 치유하는 길이기 때문입니다.

"또 떡을 가져 감사기도 하시고 떼어 그들에게 주시며 이르시되 이것은 너희를 위하여 주는 내 몸이라 너희가 이를 행하여 나를 기념하라 하시고"(눅 22:19)

"그가 찔림은 우리의 허물 때문이요 그가 상함은 우리의 죄악 때문이라 그가 징계를 받으므로 우리는 평화를 누리고 그가 채찍에 맞으므로 우리는 나음을 받았도다"(사 53:5)

예수님은 예수님의 보혈을 상징하는 포도주를 나누기 전에 감사기도를 먼저 드리셨습니다. 이 포도주는 곧 예수님께서 십자가에서 죽으심으로써 흘리실 피를 뜻하는 것입니다. 고통과 고난과 죽음의 피입니다. 그것을 앞두고 예수님은 감사의 기도를 드리신 것입니다. 왜냐하면 그 길이 인간을 구원하는 유일한 길이기 때문입니다. 그것이 곧 예수님의 뜻이고 그 뜻이 이루어질 때 예수님도 함께 기뻐하시기 위해 고통에 대한 감사기도를 드리신 것입니다.

"또 잔을 가지사 감사기도 하시고 그들에게 주시니 다

이를 마시매 이르시되 이것은 많은 사람을 위하여 흘리는 나의 피 곧 언약의 피니라"(막 14:23-24)

오병이어의 기적을 위해서도 먼저 감사기도를 드리셨습니다. 예수님의 감사기도는 어떤 일이 성취되었을 때가 아니라 아직 이루어지지는 않았지만 앞으로 하나님의 뜻이 이루어지고 하나님께서 영광을 받으실 일에 대한 감사기도인 경우가 많았습니다.

"예수께서 떡 다섯 개와 물고기 두 마리를 가지사 하늘을 우러러 축사하시고 떡을 떼어 제자들에게 주어 사람들에게 나누어 주게 하시고 또 물고기 두 마리도 모든 사람에게 나누시매"(막 6:41)

또한 어떤 사역이 이루어진 후에 드리는 기도라도 초점은 하나님의 뜻에 맞추어져 있었습니다. 칠십 인의 전도대가 돌아왔을 때 오히려 어리석고 단순한 사람들에게 복음이 전파되는 하나님의 뜻이 이루어진 데 대하여 감사기도를 드리셨습니다.

"그 때에 예수께서 성령으로 기뻐하시며 이르시되 천지의 주재이신 아버지여 이것을 지혜롭고 슬기 있는 자들에게는 숨기시고 어린아이들에게는 나타내심을 감사하나이다 옳소이다 이렇게 된 것이 아버지의 뜻이니이다 내 아버지께서 모든 것을 내게 주셨으니 아버지 외에는 아들이 누구인지 아는 자가 없고 아들과 또 아들의 소원대로 계시를 받는 자 외에는 아버지가 누구인지 아는 자가 없나이다 하시고"(눅 10:21-22)

▸ **기도 방식의 본을 보이셨습니다.**

한편 우리는 예수님께서 기도하신 여러 가지 경우를 보면서 어떻게 어떤 식으로 기도해야 하는지를 직접 배울 수 있습니다. 예수님은 홀로 기도하실 때가 많았습니다. 모여서 합심으로 기도해야 할 때도 많이 있지만 혼자 하나님과 교제하는 시간도 절대적으로 필요합니다.

"무리를 보내신 후에 기도하러 따로 산에 올라가시니라 저물매 거기 혼자 계시더니"(마 14:23)

"새벽 아직도 밝기 전에 예수께서 일어나 나가 한적한 곳으로 가사 거기서 기도하시더니"(막 1:35)

"예수는 물러가사 한적한 곳에서 기도하시니라"(눅 5:16)

예수님의 기도의 특징 중의 하나는 너무나도 간절하게 기도하셨다는 것입니다. 물론 십자가 고난을 앞두고 땀이 핏방울처럼 떨어지는 경우가 아니라도 예수님은 언제나 간절한 기도를 드리셨을 것입니다. 간절한 기도에 대해 가르쳐주셨기 때문입니다.

"예수께서 힘쓰고 애써 더욱 간절히 기도하시니 땀이 땅에 떨어지는 핏방울 같이 되더라"(눅 22:44)

예수님은 제자들을 위하여 성령을 보내주실 것을 기도하셨습니다. 성령님이 오셔야 사람들이 하나님의 사랑을 깨닫고 예수님께서 하시던 일을 계속할 수 있기 때문입니다. 그래야 제자들이 예수님께서 하시던 일보다 더 큰 일도 감당할 수 있게 되는 것입니다.

"내가 아버지께 구하겠으니 그가 또 다른 보혜사를 너희에게 주사 영원토록 너희와 함께 있게 하리니 그는 진리의 영이라"(요 14:16-17上)

"내가 진실로 진실로 너희에게 이르노니 나를 믿는 자는 내가 하는 일을 그도 할 것이요 또한 그보다 큰 일도 하리니 이는 내가 아버지께로 감이라"(요 14:12)

예수님은 육신을 보전하려는 기도는 하지 않으셨습니다. 그것은 하나님의 뜻이 아니고 또 그렇게 하면 성경은 거짓이 되기 때문입니다. 베드로가 대제사장의 종의 귀를 칼로 베었을 때 오히려 나무라셨습니다.

"너는 내가 내 아버지께 구하여 지금 열두 군단 더 되는 천사를 보내시게 할 수 없는 줄로 아느냐 내가 만일 그렇게 하면 이런 일이 있으리라 한 성경이 어떻게 이루어지겠느냐 하시더라"(마 26:53-54)

그러는 한편 예수님은 자신을 때리고 채찍질하고 십자가에 못을 박는 사람들을 용서해 달라는 기도를 하셨습니다. 왜냐하면 결국 예수님은 그런 사람들의 죄를 씻을 수 있는 길을 여시기 위해 이 땅에 오신 것이기 때문입니다.
"이에 예수께서 이르시되 아버지 저들을 사하여 주옵소서 자기들이 하는 것을 알지 못함이니이다 하시더라 … "
(눅 23:34)

그리고 예수님의 마지막 기도는 운명하실 때 나온 기도였습니다. 그것은 영혼을 아버지께 부탁하는 기도였습니다. 결국 우리도 우리 영혼이 아버지 앞에 서는 그 날을 위해 살아가는 사람들이 아니겠습니까?
"예수께서 큰 소리로 불러 이르시되 아버지 내 영혼을 아버지 손에 부탁하나이다 하고 이 말씀을 하신 후 숨지시니라"(눅 23:46)

▸ **하나님을 영화롭게 하는 기도를 하셨습니다.**

예수님의 모든 기도의 종착점은 하나님의 영광이었습니다. 아무리 큰일을 이루어도 하나님께 영광이 아니라 자신이 영광을 받게 된다면 그 모든 기도가 무슨 소용이 있겠습니까? 우선 그 영광은 하나님의 영광일 뿐만 아니라 바로 예수님께서 스스로 가지고 계셨던 영광이었습니다. 그 하나님의 영광을 사람으로 오신 예수님의 영광으로 드러낼 수 있게 해 달라는 기도를 하신 것입니다.

"아버지여 창세 전에 내가 아버지와 함께 가졌던 영화로써 지금도 아버지와 함께 나를 영화롭게 하옵소서"(요 17:5)

결국 예수님께서 받으실 영광은 하나님의 영광으로 그대로 올려지는 것입니다. 하지만 그 영광은 찬란한 자리나 유명한 이름이 아니라 십자가 고난으로 인한 영광입니다. 물론 십자가 고난 자체의 영광이 아니라 부활로써 죽음을 승리하신 예수님의 영광이지만, 십자가 고난이 없다면 예수님께서 받으실 영광은 사라질 수밖에 없는 것입니다. 가장 낮은 십자가 죽으심으로 말미암아 만물 위에 높아지신 것입니다.

"예수께서 이 말씀을 하시고 눈을 들어 하늘을 우러러 이르시되 아버지여 때가 이르렀사오니 아들을 영화롭게 하사 아들로 아버지를 영화롭게 하게 하옵소서"(요 17:1)

"이러므로 하나님이 그를 지극히 높여 모든 이름 위에 뛰어난 이름을 주사 하늘에 있는 자들과 땅에 있는 자들과 땅 아래에 있는 자들로 모든 무릎을 예수의 이름에 꿇게 하시고 모든 입으로 예수 그리스도를 주라 시인하여 하나님 아버지께 영광을 돌리게 하셨느니라"(빌 2:9-11)

하나님의 영광은 예수님께서 하나님의 말씀에 완전히 순종하여 그 일을 성취하셨을 때 높이 드러나는 것입니다. 그 성취는 엄청나게 크고 많은 일을 이루는 것이 아니라 스스로에게 주어지는 큰 고통을 참으신 것이었습니다. 그 모든 일들을 통하여 하나님께 영광을 돌리는 기도를 하신 것입니다.

"아버지께서 내게 하라고 주신 일을 내가 이루어 아버지를 이 세상에서 영화롭게 하였사오니"(요 17:4)

▸ 예수님이 누구신지를 알고 기도해야 합니다.

그러면 예수님께서는 우리들에게 어떻게 기도하라고 가르쳐주셨을까요? 먼저 우리는 기도의 방식보다는 예수님이 누구이신지에 대한 정확한 개념을 가지고 있어야 합니다. 예수님을 모르는 사람이 어디에 있겠습니까만, 기도와 관련하여 예수님과의 관계를 더 깊이 알 때 올바른 기도,

응답받는 기도를 할 수 있을 것입니다. 예수님은 제자들이 어떤 생각을 가지고 예수님을 따르는지를 알고 싶으셨습니다. 그래서 제자들에게 질문을 하셨습니다.

"예수께서 따로 기도하실 때에 제자들이 주와 함께 있더니 물어 이르시되 무리가 나를 누구라고 하느냐"(눅 9:18)

그 때 제자들 중에서 베드로가 한 마디로 예수님이 누구이신지를 대답합니다. 주는 그리스도이시며 하나님의 아들이십니다.

"시몬 베드로가 대답하여 이르되 주는 그리스도시요 살아 계신 하나님의 아들이시니이다"(마 16:16)

예수님에 대한 이 개념은 예수님께서 기도응답의 주체가 되실 수 있음을 고백하는 내용입니다. 그래서 예수님은 우리들이 기도를 드리면 예수님께서 직접 행하겠다고 약속하신 것입니다.

"너희가 내 이름으로 무엇을 구하든지 내가 행하리니 이는 아버지로 하여금 아들로 말미암아 영광을 받으시게 하려 함이라 내 이름으로 무엇이든지 내게 구하면 내가 행하리라"(요 14:13-14)

하지만 예수님에 대해서 다른 측면의 개념을 이야기한

사람도 있습니다. 그는 바로 세례요한입니다. 일찍이 세례요한은 예수님께 대하여 이렇게 정의한 바 있습니다. 이 정의는 베드로의 신앙고백보다 한층 본질적인 설명을 합니다.

"이튿날 요한이 예수께서 자기에게 나아오심을 보고 이르되 보라 세상 죄를 지고 가는 하나님의 어린 양이로다"(요 1:29)

이 어린 양 예수님은 그 이름으로 모든 일을 행하시고 인을 쳐 주십니다. 구원받을 사람들을 상징하는 십사만사천 명의 성도들의 이마에는 어린 양의 이름이 있습니다.

"또 내가 보니 보라 어린 양이 시온산에 섰고 그와 함께 십사만사천이 서 있는데 그들의 이마에는 어린 양의 이름과 그 아버지의 이름을 쓴 것이 있더라"(계 14:1)

그래서 예수님은 하나님께서 예수님의 이름으로 모든 것을 주시겠다고 약속하신 것입니다. 예수님은 예수님의 이름으로 혹은 예수님께서 직접 우리의 기도를 듣고 응답하시는 분입니다. 이것을 완전하게 믿고 기도해야 응답받을 수 있는 것입니다.

"그 날에는 너희가 아무 것도 내게 묻지 아니하리라 내가 진실로 진실로 너희에게 이르노니 너희가 무엇이든지 아버지께 구하는 것을 내 이름으로 주시리라 지금까지는 너희가 내 이름으로 아무 것도 구하지 아니하였으나 구하라 그리하면 받으리니 너희 기쁨이 충만하리라"(요 16:23-24)

마치 사마리아 수가성 우물가의 여인처럼 그냥 목마를 때 마시는 그 생수만 얻기를 바란다면 예수님을 몰라도 너무 모르는 것입니다. 그럼에도 불구하고 실제로는 이 여인처럼 기도할 때가 얼마나 많이 있습니까?

"예수께서 대답하여 이르시되 네가 만일 하나님의 선물과 또 네게 물 좀 달라 하는 이가 누구인 줄 알았더라면 네가 그에게 구하였을 것이요 그가 생수를 네게 주었으리라"(요 4:10)

▸ 기도의 전제조건이 있습니다.

그러면 기도할 준비가 되었습니다. 물론 기도란 아무 때나 어디에서나 하나님께 드릴 수 있는 것입니다. 그리고 어떤 종류의 기도이든 하나님께 드릴 수 있어야 합니다. 또한 하나님은 성도들의 기도를 다 듣고 알고 계십니다. 그러면 무슨 기도이든지 하나님께서 다 응답하실까요? 물론 반드시 그런 것은 아닙니다. 기도에도 바람직한 기도가 있고 때로는 쓸모없는 기도도 있을 수 있습니다. 아무리 기도해도 전혀 응답되지 않을 수도 있습니다. 물론 응답하지 않으시는 것도 기도응답이라고 할 수는 있겠지만, 그래도 하나님께서 기뻐하시고 인정하시는 기도를 드려야 하지 않겠습니까? 그것은 간단하지만 응답 받는 기도의 전제조건이라고 할 수 있습니다.

희한하게도 하나님께서 우리의 기도에 응답하시려면 먼저 사람과의 관계가 우선되어야 함을 아십니까? 그래서 우리는 기도하기 전에 사람을 용서하지 못한 것이 있는가를 살펴야 합니다. 하나님께서 우리의 큰 죄를 씻어주셨는데 우리가 사람의 작은 죄를 용서하지 못한다면 하나님께서 우리 기도에 응답하실 수 있겠습니까?

"서서 기도할 때에 아무에게나 혐의가 있거든 용서하라 그리하여야 하늘에 계신 너희 아버지께서도 너희 허물을 사하여 주시리라 하시니라"(막 11:25)

같은 연장선상에서 우리가 사람에게 잘못해놓고도 거룩한 체 기도하고 있으면 응답하시기는커녕 오히려 엄중한 심판을 내리실 것입니다. 다른 사람의 마음을 아프게 한 일이 있으면 빨리 그 상처를 치유할 수 있도록 해야 합니다. 이것이 기도응답의 대전제조건입니다.

"그들은 과부의 가산을 삼키며 외식으로 길게 기도하니 그들이 더 엄중한 심판을 받으리라 하시니라"(눅 20:47)

그리고 또 다른 전제조건이라고 할 수 있는 것은 하나님께서 언제 어디에서도 우리의 기도를 접수하신다는 사실을 굳게 믿고 기도해야 하고, 또한 그 기도에 하나님께서 언제 어떤 식으로든 반드시 응답하신다는 확신을 가지고 끝까지 기도해야 한다는 것입니다. 끝까지 기도한다는 것은 응답의 확신이 없이는 행할 수 없는 기도인 것입니다.

"그러므로 내가 주께 나아가기도 감당하지 못할 줄을 알았나이다 말씀만 하사 내 하인을 낫게 하소서"(눅 7:7)

"그러므로 내가 너희에게 말하노니 무엇이든지 기도하고 구하는 것은 받은 줄로 믿으라 그리하면 너희에게 그대로 되리라"(막 11:24)

그리고 세 번째 대전제조건은 말씀 속에 항상 거해야 한다는 것입니다. 말씀을 진심으로 듣고 언제나 하나님의 말씀에 순종해야 합니다. 물론 때로 인간의 죄성으로 인하며 완벽하게 순종하지 못할 때도 있습니다만, 적어도 기도할 때에는 자신을 먼저 돌아보고 말씀대로 살고 있는지를 점검해 보아야 한다는 것입니다.

"너희가 내 안에 거하고 내 말이 너희 안에 거하면 무엇

이든지 원하는 대로 구하라 그리하면 이루리라"(요 15:7)

▸ **이렇게 기도하면 안 됩니다.**

다음과 같은 기도는 하지 말라고 예수님께서 가르치셨습니다. 생활의 염려를 위해 기도하지 말라고 하셨습니다. 먹고 사는 문제는 하나님께서 가장 적절하게 채워주실 것을 믿고 먼저 하나님의 뜻이 이 땅에 이루어지기를 위해 기도하라고 하십니다.

"그러므로 염려하여 이르기를 무엇을 먹을까 무엇을 마실까 무엇을 입을까 하지 말라 이는 다 이방인들이 구하는 것이라 너희 하늘 아버지께서 이 모든 것이 너희에게 있어야 할 줄을 아시느니라 그런즉 너희는 먼저 그의 나라와 그의 의를 구하라 그리하면 이 모든 것을 너희에게 더하시리라"(마 6:31-33)

세상의 영광, 곧 자기의 영광을 얻기 위해 기도하지 말라고 하셨습니다. 자기 영광만을 구하는 사람들은 진정으로 예수님을 믿는 사람들이 아닙니다.

"너희가 서로 영광을 취하고 유일하신 하나님께로부터 오는 영광은 구하지 아니하니 어찌 나를 믿을 수 있느냐"(요 5:44)

은사가 있다고 해서 믿음 없이 표적만을 위해 기도하지 말라고 하십니다. 표적을 자랑한다든지 표적을 이용하여 자기 이름을 높이려고 기도한다면 마지막 날에 오히려 하나님의 거절을 당할 뿐입니다. 주님의 말씀을 실천할 생각은 하지 않고 무작정 표적만을 따라다니는 사람들에게서도 열매는 거두어질 수 없습니다.

"바리새인들이 나와서 예수를 힐난하며 그를 시험하여 하늘로부터 오는 표적을 구하거늘 예수께서 마음속으로 깊이 탄식하시며 이르시되 어찌하여 이 세대가 표적을 구하느냐 내가 진실로 너희에게 이르노니 이 세대에 표적을 주지 아니하리라 하시고"(막 8:11-12)

그리고 자기 의나 자랑이 가득한 채로 기도해서는 안 되고, 사람들이 기도 많이 하는 사람으로 칭찬하고 존경할 것을 기대하면서 기도해서도 안 되며, 길게 기도하면 들으실 줄로 생각하고 중언부언하면 그것도 아무 쓸데없는 기도라고 말씀해주셨습니다.

"두 사람이 기도하러 성전에 올라가니 하나는 바리새인이요 하나는 세리라 바리새인은 서서 따로 기도하여 이르되 하나님이여 나는 다른 사람들 곧 토색, 불의, 간음을 하는 자들과 같지 아니하고 이 세리와도 같지 아니함을 감사

하나이다"(눅 18:10-11)

"또 너희는 기도할 때에 외식하는 자와 같이 하지 말라 그들은 사람에게 보이려고 회당과 큰 거리 어귀에 서서 기도하기를 좋아하느니라 내가 진실로 너희에게 이르노니 그들은 자기 상을 이미 받았느니라"(마 6:5)

"또 기도할 때에 이방인과 같이 중언부언하지 말라 그들은 말을 많이 하여야 들으실 줄 생각하느니라"(마 6:7)

예수님께서 기도에 대해 가르쳐주신 말씀은 많지만, 이상과 같이 기도와 관련하여 예수님이 누구이신지, 기도하기 전에 채워져야 할 전제조건, 그리고 바람직하지 못한 기도에 대한 가르침만 알고 받아들여도 우리의 모든 기도는 응답받을 수 있을 것입니다.

5. 예수님의 전도

- 천국복음을 전파하셨습니다.
- 회개하라고 외치셨습니다.
- 지옥에 대해 경고하셨습니다.
- 예수님의 부활과 재림을 전해야 합니다.
- 제자들을 훈련시키셨습니다.
- 복음은 온세상에 끝날까지 전파되어야 합니다.

예수님의 공생애는 전도하는 삶이었습니다. 물론 예수님의 전도는 오늘날 우리가 교회중심으로 초청하는 전도와는 많은 차이가 있습니다. 교회에 이웃 사람들을 초청해야 하지만 그 이전에 예수님을 통하여 전도의 본질을 알고 전도해야 한다는 것입니다. 과연 전도란 무엇이라고 예수님께서 가르치고 계실까요?

▸ **천국복음을 전파하셨습니다.**

예수님께서 가장 심혈을 기울이신 것은 가르침이었습니다. 그것은 이스라엘 백성들과 지도자들이 하나님의 말씀에 대해 오해하고 있는 부분들이 너무나도 많기 때문입니다. 그들은 모세를 통하여 주신 율법의 조항에만 관심이 있었지 그 율법을 주신 하나님의 마음에 대해서는 생각조차도 하지 않았습니다. 그런데 그러한 가르침을 통틀어서 우리는 천국복음이라고 할 수 있습니다. 율법이 통로가 아니라 걸림돌이 된 상황을 풀어야 천국복음이 될 수 있는 것입니다.

"예수께서 모든 도시와 마을에 두루 다니사 그들의 회당에서 가르치시며 천국 복음을 전파하시며 모든 병과 모든 약한 것을 고치시니라"(마 9:35)

천국복음은 예수님의 오심으로부터 시작되었습니다. 율법이 구원의 수단으로 제시한 제사법은 세례 요한의 때에서 종결되었고, 이제는 예수님께서 친히 어린 양이 되시어 십자가에서 희생당하심으로써 제사법은 필요 없게 되었던 것입니다. 천국복음이란 바로 예수님을 통한 죄 사함의 비밀인 것입니다. 결국 전도란 많은 사람들을 천국백성이 되게 만들려는 간절한 외침인 것입니다.

"율법과 선지자는 요한의 때까지요 그 후부터는 하나님 나라의 복음이 전파되어 사람마다 그리로 침입하느니라"(눅 16:16)

그래서 예수님께서 열두 제자들을 전도하러 보내시면서 지시하신 내용도 천국복음인 것입니다. 참된 전도란 사람들에게 천국을 전파하는 것입니다. 이 땅에서의 모든 신앙생활은 천국으로 가는 과정들입니다. 이것을 놓치고 삶에 쫓기거나 성공을 지향하거나 부를 쌓으려고 한다면 그것보다 더 어리석은 일은 없습니다. 우리는 천국복음을 전해야 합니다.

"가면서 전파하여 말하되 천국이 가까이 왔다 하고 병든 자를 고치며 죽은 자를 살리며 나병환자를 깨끗하게 하며 귀신을 쫓아내되 너희가 거저 받았으니 거저 주라"(마 10:7-8)

병을 고쳐주시는 목적도 하나님 나라의 일을 말씀하시기 위함이었습니다. 그것은 보이지 않는 하나님 나라의 일을 보이는 육체의 이적으로 설명하시기 위함입니다.

"무리가 알고 따라왔거늘 예수께서 그들을 영접하사 하나님 나라의 일을 이야기하시며 병 고칠 자들은 고치시더라"(눅 9:11)

그래서 예수님께서 부활하신 후 40일 동안 세상에 계시면서 주로 하신 일이 하나님 나라의 일에 대한 가르침이었습니다. 전도는 세상에서 위로받고 성공하는 방법을 전하는 것이 아니라 하늘나라의 일을 전파하는 것입니다.

"그가 고난 받으신 후에 또한 그들에게 확실한 많은 증거로 친히 살아 계심을 나타내사 사십 일 동안 그들에게 보이시며 하나님 나라의 일을 말씀하시니라"(행 1:3)

▸ 회개하라고 외치셨습니다.

전도란 천국복음을 전파하는 것인데 그 천국복음의 핵심적인 내용은 회개하라고 외치는 것입니다. 회개를 통한 죄 사함과 거듭남이 없이는 결코 천국에 갈 수 없기 때문입니다. 회개가 없이는 복음을 믿을 수가 없습니다.

"요한이 잡힌 후 예수께서 갈릴리에 오셔서 하나님의 복음을 전파하여 이르시되 때가 찼고 하나님의 나라가 가까이 왔으니 회개하고 복음을 믿으라 하시더라"(막 1:14-15)

그래서 예수님께서 전도를 보내셨을 때 제자들도 회개를 외치고 병자들을 고쳤던 것입니다. 오늘날 한국 교회가 위기에 처한 근본적인 원인 중의 하나가 바로 회개의 복음이 없기 때문은 아닐까요? 물론 복음전파자들이 끊임없이 회개를 외치고 있습니다만, 일반적인 전도에서 회개를 언급하는 일은 별로 없을 것입니다.

"제자들이 나가서 회개하라 전파하고 많은 귀신을 쫓아내며 많은 병자에게 기름을 발라 고치더라"(막 6:12-13)

예수님께서 사람의 몸을 입으시고 이 땅에 오신 목적이 바로 죄인을 회개시키는 일이었습니다. 회개가 빠진다면 그것은 복음이 아닙니다. 회개라는 아픔을 통해서만 천국 복음이 성립될 수 있는 것입니다. 물론 지혜롭게 가르쳐져야 할 것입니다.

"예수께서 대답하여 이르시되 건강한 자에게는 의사가 쓸 데 없고 병든 자에게라야 쓸 데 있나니 내가 의인을 부르러 온 것이 아니요 죄인을 불러 회개시키러 왔노라"(눅 5:31-32)

회개하지 않으면 천국복음도 아무 소용이 없게 될 뿐만 아니라 하나님의 진노를 사게 됩니다. 전도는 회개에 초점을 맞추어야 합니다.

"예수께서 권능을 가장 많이 행하신 고을들이 회개하지 아니하므로 그 때에 책망하시되 화 있을진저 고라신아 화 있을진저 벳새다야 너희에게 행한 모든 권능을 두로와 시돈에서 행하였더라면 그들이 벌써 베옷을 입고 재에 앉아 회개하였으리라"(마 11:20-21)

회개란 죄를 깨닫게 되는 것인데 오늘날 교회에서는 죄에 대한 언급을 거의 하지 않고 있습니다. 전도할 때에도 회개를 거의 선포하지 않습니다. 왜냐하면 회개하라고 할 때에는 반드시 죄의 문제를 말해야 하는데 믿지 않는 사람들이 죄 문제 때문에 교회에 나오는 것을 거부할 것을 염려하기 때문입니다. 하지만 예수님의 전도는 오히려 회개할 것을 요구하고 계십니다. 교회에 아무리 잘 나와도 진정한 회개가 없다면 천국복음은 받아들여지지 않는 것이기 때문입니다. 죄를 언급하고 회개를 외친다고 믿을 사람이 안 믿는 것은 아닙니다. 회개를 가르쳐야 합니다.

"심판 때에 니느웨 사람들이 일어나 이 세대 사람을 정죄하리니 이는 그들이 요나의 전도를 듣고 회개하였음이

거니와 요나보다 더 큰 이가 여기 있으며"(마 12:41)

▸ 지옥에 대해 경고하셨습니다.

예수님께서 천국복음을 전파하셨으면 당연히 지옥에 대한 경고도 함께 전파하셨습니다. 우선 예수님은 지옥이 얼마나 무서운 곳인지를 설명하셨습니다. 지옥에 가는 것보다는 차라리 눈이나 손이나 발을 찍어버리는 것이 더 낫다고 말씀하십니다. 이 땅에서 아무리 어려운 삶을 살더라도 지옥에 가는 것보다는 훨씬 낫다는 것입니다.

"만일 네 손이 너를 범죄하게 하거든 찍어버리라 장애인으로 영생에 들어가는 것이 두 손을 가지고 지옥 곧 꺼지지 않는 불에 들어가는 것보다 나으니라 … 만일 네 발이 너를 범죄하게 하거든 찍어버리라 다리 저는 자로 영생에 들어가는 것이 두 발을 가지고 지옥에 던져지는 것보다 나으니라 … 만일 네 눈이 너를 범죄하게 하거든 빼버리라 한 눈으로 하나님의 나라에 들어가는 것이 두 눈을 가지고 지옥에 던져지는 것보다 나으니라"(막 9:43, 45, 47)

왜냐하면 지옥이라는 곳은 영원토록 무서운 고통만 있는 곳이기 때문입니다. 지옥에서는 절대 꺼지지 않는 불에 소금 치듯이 고통당하는데, 구더기도 죽지 않는다고 하신

만큼 죽을 수도 없고 피할 수도 없고 멈출 수도 없고 미룰 수도 없는 고통의 장소입니다.

"거기에서는 구더기도 죽지 않고 불도 꺼지지 아니하느니라 사람마다 불로써 소금 치듯 함을 받으리라"(막 9:48-49)

그런데 그 지옥에 던져 넣는 권세가 예수님께 있다는 것입니다. 사람들은 예수님의 사랑만 생각하지만 반면에 심판 날에는 예수님은 하나님을 외면하는 사람들을 반드시 지옥에 던져 버리십니다.

"마땅히 두려워할 자를 내가 너희에게 보이리니 곧 죽인 후에 또한 지옥에 던져 넣는 권세 있는 그를 두려워하라 내가 참으로 너희에게 이르노니 그를 두려워하라"(눅 12:5)

그래서 지옥자식이 될 사람들에 대해서 예수님은 가차 없이 저주를 퍼부으신다는 사실을 알아야 합니다. 그래서 회개할 수 있는 기회가 된다면 지체 말고 회개하고 죄 사함 받고 거듭나야 하는 것입니다.

"뱀들아 독사의 새끼들아 너희가 어떻게 지옥의 판결을 피하겠느냐"(마 23:33)

예수님은 종교적인 위선에 차 있는 사람들을 향해서는 전혀 사랑의 주님이 아니십니다. 종교적으로 믿음이 좋아 보이는 지도자들이라도 예수님을 제대로 모르고 예수님의 마음과 뜻을 외면하면 여지없이 지옥으로 떨어질 뿐입니다.

"화 있을진저 외식하는 서기관들과 바리새인들이여 너희는 교인 한 사람을 얻기 위하여 바다와 육지를 두루 다니다가 생기면 너희보다 배나 더 지옥 자식이 되게 하는도다"(마 23:15)

예수님은 하나님의 의에 대해서는 형제에게 욕을 하는 사람이라도 지옥에 갈 수 있다고 경고하셨습니다. 물론 욕 한 번 했다고 지옥으로 가는 것은 아니지만, 교회에서 복음을 전하면서 지옥에 대해서는 쏙 빼놓는 현상을 생각할 때 예수님께서 전파하신 지옥에 대해서도 반드시 강조하여, 믿음을 가진 후에 신실한 신앙생활을 할 수 있도록 해야 할 것입니다.

"나는 너희에게 이르노니 형제에게 노하는 자마다 심판을 받게 되고 형제를 대하여 라가라 하는 자는 공회에 잡혀가게 되고 미련한 놈이라 하는 자는 지옥 불에 들어가게 되리라"(마 5:22)

・**예수님의 부활과 재림을 전해야 합니다.**

예수님께서 직접 부활의 전도를 말씀하신 것은 아닙니다. 하지만 예수님 부활 승천하신 후에 가룟 유다 대신 한 사람을 제자로 선택할 때 그 목적에서 예수님의 의도가 잘 나타나 있습니다. 사도들을 세우는 목적이 바로 예수님의 부활을 증언하기 위한 것입니다.

"항상 우리와 함께 다니던 사람 중에 하나를 세워 우리와 더불어 예수께서 부활하심을 증언할 사람이 되게 하여야 하리라 하거늘"(행 1:22)

예수님께서 부활하신 후에 군병들이 부활이 가짜라고 사람들을 속이려는 시도가 성경에 기록되어 있습니다. 예수님은 살아계실 때에서부터 부활에 대해서 전파하셨습니다.

"주여 저 속이던 자가 살아 있을 때에 말하되 내가 사흘 후에 다시 살아나리라 한 것을 우리가 기억하노니"(마 27:63)

물론 예수님은 제자들에게도 부활하실 것을 말씀하셨습니다.

"이르시기를 인자가 죄인의 손에 넘겨져 십자가에 못 박

히고 제삼일에 다시 살아나야 하리라 하셨느니라 한대 그들이 예수의 말씀을 기억하고"(눅 24:7)

예수님은 마지막 때가 되면 반드시 재림하셔서 성도들을 영접하겠다고 약속하셨습니다.
"가서 너희를 위하여 거처를 예비하면 내가 다시 와서 너희를 내게로 영접하여 나 있는 곳에 너희도 있게 하리라"(요 14:3)

예수님께서 승천하실 때 함께 오르던 천사들이 증언을 해 주었습니다.
"이르되 갈릴리 사람들아 어찌하여 서서 하늘을 쳐다보느냐 너희 가운데서 하늘로 올려지신 이 예수는 하늘로 가심을 본 그대로 오시리라 하였느니라"(행 1:11)

또한 예수님은 성도들이 마지막 날에 다시 살아날 것도 약속해 주셨습니다. 종말 때 성도의 육체의 부활을 직접 말씀하신 것이었습니다. 예수님께서 말씀하신 그대로 예수님의 부활과 재림과 성도의 부활은 전도할 때에 반드시 전파되어야 하는 아주 핵심적인 내용입니다. 물론 지혜롭게 전파해야 할 것입니다.
"나를 보내신 이의 뜻은 내게 주신 자 중에 내가 하나도 잃어버리지 아니하고 마지막 날에 다시 살리는 이것이니라 내 아버지의 뜻은 아들을 보고 믿는 자마다 영생을 얻는 이것이니 마지막 날에 내가 이를 다시 살리리라 하시니라"(요 6:39-40)

▸ **제자들을 훈련시키셨습니다.**

직접 제자들을 부르신 목적 중의 하나가 바로 전도하는 일이었습니다. 귀신을 내쫓는 능력과 권능을 주신 일도 결국 전도하기 위해서입니다.

"또 산에 오르사 자기가 원하는 자들을 부르시니 나아온지라 이에 열둘을 세우셨으니 이는 자기와 함께 있게 하시고 또 보내사 전도도 하며 귀신을 내쫓는 권능도 가지게 하려 하심이러라"(막 3:13-15)

그래서 예수님께서도 이 땅에 오신 목적을 전도라고 분명하게 말씀하신 것입니다.

"예수께서 이르시되 내가 다른 동네들에서도 하나님의 나라 복음을 전하여야 하리니 나는 이 일을 위해 보내심을 받았노라 하시고"(눅 4:43)

그래서 예수님은 열두 제자를 보내기도 하시고 칠십 인

의 제자를 보내기도 하셨던 것입니다.

"열두 제자를 부르사 둘씩둘씩 보내시며 더러운 귀신을 제어하는 권능을 주시고"(막 6:7)

"그 후에 주께서 따로 칠십 인을 세우사 친히 가시려는 각 동네와 각 지역으로 둘씩 앞서 보내시며"(눅 10:1)

제자들은 예수님의 명을 따라 힘껏 전도를 행하였고, 성령강림하신 후에 온 지구에 복음을 전파하는 전도자들로 세워졌던 것입니다. 오늘날 예수님의 제자들인 성도들도 마찬가지입니다. 예수님의 명을 따라 전도의 사명을 다해야 하는 것입니다.

"제자들이 나가서 회개하라 전파하고 많은 귀신을 쫓아내며 많은 병자에게 기름을 발라 고치더라"(막 6:12-13)

▸ 복음은 온세상에 끝날까지 전파되어야 합니다.

그래서 복음은 어느 교회를 따질 것이 없이 누군가를 통해서 어느 곳에서나 전파되어야 합니다. 예수님도 이스라엘의 모든 동네를 다니시면서 복음을 전파하셨습니다.

"예수께서 열두 제자에게 명하기를 마치시고 이에 그들의 여러 동네에서 가르치시며 전도하시려고 거기를 떠나 가시니라"(마 11:1)

예수님은 직접적으로 제자들에게 온 세상에 흩어져서 전도하라고 명령하셨습니다.

"또 이르시되 너희는 온 천하에 다니며 만민에게 복음을 전파하라 믿고 세례를 받는 사람은 구원을 얻을 것이요 믿지 않는 사람은 정죄를 받으리라"(막 16:15-16)

그리고 복음은 예수님께서 다시 오시는 세상 끝날까지 전파되어야 합니다. 이 지구상의 모든 곳에 복음이 빠짐없이 전파되면 그 때 종말이 오고 예수님이 재림하시며 마지막 날에 성도들의 육체의 부활도 이루어지는 것입니다. 아직도 그리스도의 복음을 듣지 못한 사람들이 지구상에 많이 존재하고 있습니다.

"이 천국 복음이 모든 민족에게 증언되기 위하여 온 세상에 전파되리니 그제야 끝이 오리라"(마 24:14)

6. 예수님의 전인치유

- 예수님은 치유하러 오셨습니다.
- 육체적인 질병을 치유하셨습니다.
- 귀신을 쫓아내 주셨습니다.
- 죄사함을 베풀어주셨습니다.
- 마음을 치유해 주셨습니다.
- 죽음까지도 고쳐주셨습니다.

‣ **예수님은 치유하러 오셨습니다.**

예수님의 삶에서 치유는 결코 빠질 수 없는 중요한 활동이셨습니다. 예수님의 치유는 육체, 정신, 영혼까지 고치시는 치유입니다. 사람의 약함을 고치는 것이 예수님께서 오신 목적이기 때문입니다.

"예수께서 온 갈릴리에 두루 다니사 그들의 회당에서 가르치시며 천국 복음을 전파하시며 백성 중의 모든 병과 모든 약한 것을 고치시니 그의 소문이 온 수리아에 퍼진지라 사람들이 모든 앓는 자 곧 각종 병에 걸려서 고통당하는 자, 귀신 들린 자, 간질하는 자, 중풍병자들을 데려오니 그들을 고치시더라"(마 4:23-24)

예수님의 치유는 이미 이사야 선지자를 통하여 일찍이 예언된 바 있습니다. 메시야가 오시면 시각장애인, 청각장애인, 지체장애인들이 고침 받을 것이라고 예언하였습니다.

"그 때에 맹인의 눈이 밝을 것이며 못 듣는 사람의 귀가 열릴 것이며 그 때에 저는 자는 사슴 같이 뛸 것이며 말 못하는 자의 혀는 노래하리니 이는 광야에서 물이 솟겠고 사막에서 시내가 흐를 것임이라"(사 35:5-6)

뿐만 아니라 가난한 사람, 마음이 상한 사람, 포로 된 사람, 갇혀 있는 사람에게 자유를 선포하십니다. 물론 영적인 자유를 잃어버린 모든 사람을 포함하는 것입니다.

"주 여호와의 영이 내게 내리셨으니 이는 여호와께서 내게 기름을 부으사 가난한 자에게 아름다운 소식을 전하게 하려 하심이라 나를 보내사 마음이 상한 자를 고치며 포로 된 자에게 자유를, 갇힌 자에게 놓임을 선포하며"(사 61:1)

그래서 예수님도 죄인을 부르러 오셨다고 친히 말씀하셨습니다. 이 말씀은 모든 의미의 병든 상태를 말씀하시는 것입니다. 육체적, 정신적, 영적 고통의 모든 근원은 죄에 있기 때문입니다.

"예수께서 들으시고 그들에게 이르시되 건강한 자에게는 의사가 쓸 데 없고 병든 자에게라야 쓸 데 있느니라 나는 의인을 부르러 온 것이 아니요 죄인을 부르러 왔노라 하시니라"(막 2:17)

▸ 육체적인 질병을 치유하셨습니다.

예수님은 시각장애인들의 눈을 뜨게 하셨습니다. 이것은 예수님께서 메시아라는 간접적인 증거가 되는 기적이었습니다.

"예수께서 집에 들어가시매 맹인들이 그에게 나아오거늘 예수께서 이르시되 내가 능히 이 일 할 줄을 믿느냐 대답하되 주여 그러하오이다 하니 이에 예수께서 그들의 눈을 만지시며 이르시되 너희 믿음대로 되라 하시니 그 눈들이 밝아진지라"(마 9:28-30)

말 못하는 사람이 말을 하도록 고치셨습니다.
"사람들이 귀 먹고 말 더듬는 자를 데리고 예수께 나아와 안수하여 주시기를 간구하거늘 예수께서 그 사람을 따로 데리고 무리를 떠나사 손가락을 그의 양 귀에 넣고 침을 뱉어 그의 혀에 손을 대시며 하늘을 우러러 탄식하시며 그에게 이르시되 에바다 하시니 이는 열리라는 뜻이라 그의 귀가 열리고 혀가 맺힌 것이 곧 풀려 말이 분명하여졌더라"(막 7:32-34)

나병환자를 고치셨습니다.
"한 마을에 들어가시니 나병환자 열 명이 예수를 만나 멀리 서서 소리를 높여 이르되 예수 선생님이여 우리를 불쌍히 여기소서 하거늘 보시고 이르시되 가서 제사장들에게 너희 몸을 보이라 하셨더니 그들이 가다가 깨끗함을 받은지라"(눅 17:12-14)

중풍병자를 고치셨습니다.

"침상에 누운 중풍병자를 사람들이 데리고 오거늘 예수께서 그들의 믿음을 보시고 중풍병자에게 이르시되 작은 자야 안심하라 네 죄 사함을 받았느니라"(마 9:2)

손 마른 사람도 고쳐주셨습니다.

"예수께서 다시 회당에 들어가시니 한쪽 손 마른 사람이 거기 있는지라 사람들이 예수를 고발하려 하여 안식일에 그 사람을 고치시는가 주시하고 있거늘 예수께서 손 마른 사람에게 이르시되 한 가운데에 일어서라 하시고"(막 3:1-3)

예수님의 옷자락에 손만 대어도 나았습니다.

"아무 데나 예수께서 들어가시는 지방이나 도시나 마을에서 병자를 시장에 두고 예수께 그의 옷 가에라도 손을 대게 하시기를 간구하니 손을 대는 자는 다 성함을 얻으니라"(막 6:56)

예수님의 병 고침으로 사람들이 하나님을 찬양했습니다.

"큰 무리가 다리 저는 사람과 장애인과 맹인과 말 못하는 사람과 기타 여럿을 데리고 와서 예수의 발 앞에 앉히매 고쳐 주시니 말 못하는 사람이 말하고 장애인이 온전하게 되고 다리 저는 사람이 걸으며 맹인이 보는 것을 무리가 보고 놀랍게 여겨 이스라엘의 하나님께 영광을 돌리니라"(마 15:30-31)

▸ 귀신을 쫓아내 주셨습니다.

많은 질병들이 귀신과 직간접적으로 연결되어 있습니다. 귀신들림 때문에 말을 못하는 증상도 있지만 예수님께서 귀신을 쫓아내심으로써 말하게 되었습니다.
"그들이 나갈 때에 귀신 들려 말 못하는 사람을 예수께 데려오니 귀신이 쫓겨나고 말 못하는 사람이 말하거늘 무리가 놀랍게 여겨 이르되 이스라엘 가운데서 이런 일을 본 적이 없다 하되"(마 9:32-33)

귀신 들려서 눈까지 멀었던 사람도 고치셨습니다.
"그 때에 귀신 들려 눈 멀고 말 못하는 사람을 데리고 왔거늘 예수께서 고쳐 주시매 그 말 못하는 사람이 말하며 보게 된지라"(마 12:22)

귀신들림 때문에 몸이 꼬부라져 펴지 못하는 사람도 고

치셨습니다.

"열여덟 해 동안이나 귀신 들려 앓으며 꼬부라져 조금도 펴지 못하는 한 여자가 있더라 예수께서 보시고 불러 이르시되 여자여 네가 네 병에서 놓였다 하시고 안수하시니 여자가 곧 펴고 하나님께 영광을 돌리는지라"(눅 13:11-13)

귀신들은 먼저 그리스도이신 예수님을 알아보고 하나님의 아들이라고 고백하게 됩니다.

"해 질 무렵에 사람들이 온갖 병자들을 데리고 나아오매 예수께서 일일이 그 위에 손을 얹으사 고치시니 여러 사람에게서 귀신들이 나가며 소리 질러 이르되 당신은 하나님의 아들이니이다 예수께서 꾸짖으사 그들이 말함을 허락하지 아니하시니 이는 자기를 그리스도인 줄 앎이러라"(눅 4:40-41)

심히 많은 수의 군대귀신 들렸던 사람에게서 귀신들을 쫓아내어 돼지 떼에게 들어가게 하셨습니다.

"예수께서 네 이름이 무엇이냐 물으신즉 이르되 군대라 하니 이는 많은 귀신이 들렸음이라 무저갱으로 들어가라 하지 마시기를 간구하더니 마침 그 곳에 많은 돼지 떼가 산에서 먹고 있는지라 귀신들이 그 돼지에게로 들어가게 허락하심을 간구하니 이에 허락하시니 귀신들이 그 사람

에게서 나와 돼지에게로 들어가니 그 떼가 비탈로 내리달아 호수에 들어가 몰사하거늘"(눅 8:30-33)

회당에 있던 더러운 귀신 들린 사람에게서 귀신을 내쫓으셨습니다.
"회당에 더러운 귀신 들린 사람이 있어 크게 소리 질러 이르되 아 나사렛 예수여 우리가 당신과 무슨 상관이 있나이까 우리를 멸하러 왔나이까 나는 당신이 누구인 줄 아노니 하나님의 거룩한 자니이다 예수께서 꾸짖어 이르시되 잠잠하고 그 사람에게서 나오라 하시니 귀신이 그 사람을 무리 중에 넘어뜨리고 나오되 그 사람은 상하지 아니한지라"(눅 4:33-35)

귀신은 마귀의 부하들입니다. 사람이 죽어서 되는 귀신은 존재할 수 없습니다. 하나님의 대적자였던 마귀의 부하들은 영의 세계를 잘 알고 있기 때문에 예수님을 보자말자 메시아이시며 그리스도이시며 하나님의 아들인 줄을 알고 있는 것입니다.

▸ **죄 사함을 베풀어주셨습니다.**

예수님께서 이 땅에 오신 가장 큰 목적은 사람들의 죄

문제를 해결할 길을 열어주시기 위해서입니다. 원천적인 죄의 사함은 예수님의 십자가 죽으심과 그 죽음에 대한 승리(부활)와 함께 오는 것이지만, 예수님께서 살아계시면서 활동하실 때에도 이미 죄 사함의 권세를 가지고 계셨습니다. 예수님이 아니라면 어느 누가 죄를 사해주는 자격이 되겠습니까? 그래서 예수님은 죄를 사해주시는 권세가 있음을 사람들에게 선포하셨던 것입니다. 죄 사함은 죄에 대한 치유입니다.

"그러나 인자가 세상에서 죄를 사하는 권능이 있는 줄을 너희로 알게 하려 하노라 하시고 중풍병자에게 말씀하시되 일어나 네 침상을 가지고 집으로 가라 하시니 그가 일어나 집으로 돌아가거늘 무리가 보고 두려워하며 이런 권능을 사람에게 주신 하나님께 영광을 돌리니라"(마 9:6-8)

예수님의 발에 향유를 붓고 자기 머리털로 발을 닦고 입을 맞춘 여인을 향하여 예수님은 죄 사함을 선포하셨습니다.

"너는 내 머리에 감람유도 붓지 아니하였으되 그는 향유를 내 발에 부었느니라 이러므로 내가 네게 말하노니 그의 많은 죄가 사하여졌도다 이는 그의 사랑함이 많음이라 사함을 받은 일이 적은 자는 적게 사랑하느니라 이에 여자에게 이르시되 네 죄 사함을 받았느니라 하시니 함께 앉아

있는 자들이 속으로 말하되 이가 누구이기에 죄도 사하는가 하더라"(눅 7:46-49)

베데스다 연못가의 38년 된 병자의 죄를 사하셨다는 구절은 없으나 그 질병이 죄로 인한 것인데 고쳐진 데에서 죄 사함을 찾아볼 수 있으며 예수님께서도 다시 죄를 범하면 질병이 재발할 것이라고 하셨습니다.

"그 후에 예수께서 성전에서 그 사람을 만나 이르시되 보라 네가 나았으니 더 심한 것이 생기지 않게 다시는 죄를 범하지 말라 하시니 그 사람이 유대인들에게 가서 자기를 고친 이는 예수라 하니라"(요 5:14-15)

간음하다가 현장에서 붙잡힌 여인의 죄도 사해주셨습니다. 이제 다시는 죄를 범하지 말아야 합니다.

"예수께서 일어나사 여자 외에 아무도 없는 것을 보시고 이르시되 여자여 너를 고발하던 그들이 어디 있느냐 너를 정죄한 자가 없느냐 대답하되 주여 없나이다 예수께서 이르시되 나도 너를 정죄하지 아니하노니 가서 다시는 죄를 범하지 말라 하시니라"(요 8:10-11)

▸ **마음을 치유해 주셨습니다.**

예수님의 치유를 살펴보면 특이한 점을 발견하게 됩니다. 어떤 사람을 고치셨을 때 대부분의 경우에 그 사람의 믿음이 고쳤다고 선언하시는 것입니다. 질병에 따른 후유증을 없애고 믿음에 대한 자부심을 심어주심으로써 마음의 병까지 고쳐주신 것입니다. 열두 해를 혈루증으로 고생하던 여인이 사람들 틈에 섞여서 몰래 예수님의 옷자락을 만지고 치유 받았습니다. 무리들에게 부끄럽고 예수님께 큰 죄를 지은 것 같아 안절부절 못하던 여인에게 예수님은 "네 믿음이 너를 구원하였다."고 선포하심으로써 마음까지 치유해 주셨습니다.

"열두 해 동안이나 혈루증으로 앓는 여자가 예수의 뒤로 와서 그 겉옷 가를 만지니 이는 제 마음에 그 겉옷만 만져도 구원을 받겠다 함이라 예수께서 돌이켜 그를 보시며 이르시되 딸아 안심하라 네 믿음이 너를 구원하였다 하시니 여자가 그 즉시 구원을 받으니라"(마 9:20-22)

가나안의 수로보니게 여인이 자기 딸이 귀신들린 문제 때문에 예수님께 도움을 청했습니다. 그런데 예수님은 이 여인이 이방인이라고 오히려 '개'를 언급하셨습니다. 하지만 이 여인은 개의치 않고 귀신을 쫓아내어 주시기를 간구하였습니다. 그러자 예수님은 이 여인의 믿음을 크게 칭찬하시고 격려하셨습니다. 집안의 일로 생겼을 법한 상처를 깨끗하게 고쳐주신 것이었습니다.

"여자가 와서 예수께 절하며 이르되 주여 저를 도우소서 대답하여 이르시되 자녀의 떡을 취하여 개들에게 던짐이 마땅하지 아니하니라 여자가 이르되 주여 옳소이다마는 개들도 제 주인의 상에서 떨어지는 부스러기를 먹나이다 하니 이에 예수께서 대답하여 이르시되 여자여 네 믿음이 크도다 네 소원대로 되리라 하시니 그 때로부터 그의 딸이 나으니라"(마 15:25-28)

예수님을 세 번씩이나 부인했던 베드로에게는 예수님의 양을 먹이라는 지시로 그의 죄를 용서해주셨습니다. 그것은 베드로의 죄책감의 치유였습니다.

"세 번째 이르시되 요한의 아들 시몬아 네가 나를 사랑하느냐 하시니 주께서 세 번째 네가 나를 사랑하느냐 하시므로 베드로가 근심하여 이르되 주님 모든 것을 아시오매 내가 주님을 사랑하는 줄을 주님께서 아시나이다 예수께서 이르시되 내 양을 먹이라"(요 21:17)

사도 요한에게는 예수님의 육신의 어머니를 맡기심으로써 모든 허물을 용서하시고 사랑의 사도로 변화될 수 있게 치유해 주셨습니다.

"예수께서 자기의 어머니와 사랑하시는 제자가 곁에 서

있는 것을 보시고 자기 어머니께 말씀하시되 여자여 보소서 아들이니이다 하시고 또 그 제자에게 이르시되 보라 네 어머니라 하신대 그 때부터 그 제자가 자기 집에 모시니라"(요 19:26-27)

또한 베다니 나병환자 시몬의 집에서 죄를 많이 지은 여인이 창피함이나 따가운 시선을 무릅쓰고 예수님의 머리에 향유를 부었을 때에도 예수님은 그의 믿음을 칭찬하시고 세상에서 승리하도록 치유하셨습니다.

"가난한 자들은 항상 너희와 함께 있거니와 나는 항상 함께 있지 아니하리라 이 여자가 내 몸에 이 향유를 부은 것은 내 장례를 위하여 함이니라 내가 진실로 너희에게 이르노니 온 천하에 어디서든지 이 복음이 전파되는 곳에서는 이 여자가 행한 일도 말하여 그를 기억하리라 하시니라"(마 26:11-13)

▸ 죽음까지도 고쳐주셨습니다.

예수님의 치유의 최고봉은 육체적으로 죽은 사람을 살리신 일일 것입니다. 인간의 원죄로 말미암아 들어온 죽음이기 때문에 인류 역사상 완전히 죽었던 사람이 살아난 경우는 없습니다. 물론 예수님께서 친히 부활하심으로써 죽음을 이기심을 선포하셨지만, 공생애를 살아가시는 예수님은 사람의 죽음까지도 다시 되돌릴 수 있는 권세를 가지셨던 것입니다.

회당장 야이로의 죽은 딸을 살리셨습니다. 예수님께서 그 딸이 자고 있다는 은유로 말씀하셨지만 분명히 죽은 것을 아는 사람들은 비웃을 수밖에 없었습니다. 하지만 예수님은 죽은 딸아이의 영혼을 돌아오게 하셨습니다.

"들어가서 그들에게 이르시되 너희가 어찌하여 떠들며 우느냐 이 아이가 죽은 것이 아니라 잔다 하시니 그들이 비웃더라 예수께서 그들을 다 내보내신 후에 아이의 부모와 또 자기와 함께 한 자들을 데리시고 아이 있는 곳에 들어가사 그 아이의 손을 잡고 이르시되 달리다굼 하시니 번역하면 곧 내가 네게 말하노니 소녀야 일어나라 하심이라 소녀가 곧 일어나서 걸으니 나이가 열두 살이라"(막 5:39-42)

한 여인이 아들의 장례를 지내려고 슬피 울며 관을 메고 나올 때 예수님께서 이미 죽은 이 아들을 살려주셨습니다.

"성문에 가까이 이르실 때에 사람들이 한 죽은 자를 메고 나오니 이는 한 어머니의 독자요 그의 어머니는 과부라 그 성의 많은 사람도 그와 함께 나오거늘 주께서 과부를 보시고 불쌍히 여기사 울지 말라 하시고 가까이 가서 그 관에 손을 대시니 멘 자들이 서는지라 예수께서 이르시되 청년아 내가 네게 말하노니 일어나라 하시매 죽었던 자가 일어나 앉고 말도 하거늘 예수께서 그를 어머니에게 주시니"(눅 7:12-15)

예수님의 친구로 알려져 있는 나사로가 죽었을 때에는 이미 죽은 지 나흘이나 지나서야 무덤에 도착하셨습니다. 그리고 완전히 죽었던 나사로를 살리심으로써 하나님께 영광을 돌려드리고 사람들에게는 하나님에 대한 믿음을 더욱 확고하게 만들어주셨습니다. 이렇게 예수님의 치유는 육체, 마음, 영적인 문제뿐만 아니라 죽음과 죄라는 영적 결핍의 질병까지도 고쳐주신 전인격적인 치유였습니다.

"아버지여 내 말을 들으신 것을 감사하나이다 항상 내 말을 들으시는 줄 내가 알았나이다 그러나 이 말씀 하옵는 것은 둘러선 무리를 위함이니 곧 아버지께서 나를 보내신 것을 그들로 믿게 하려 함이니이다 이 말씀을 하시고 큰 소리로 나사로야 나오라 부르시니 죽은 자가 수족을 베로 동인 채로 나오는데 그 얼굴은 수건에 싸였더라 예수께서 이르시되 풀어 놓아 다니게 하라 하시니라"(요 11:41-44)

예수님께서 어떻게 살아가셨는지를 단편적이지만 종합적으로 살펴보았습니다. 우리 성도들이 예수님과 똑같이 살 수 있는 것은 아닙니다. 그러나 예수님의 삶의 원리와 목적, 방향성에서만큼은 그 뒤를 그대로 따라가야 합니다. 그래서 예수님께서 3년간의 공생애를 사신 것입니다. 만약에 그렇지 않다면 3년간의 삶의 모범을 보이실 필요가 없었을 것입니다. 예수님의 삶의 원리만이 그리스도인의 유일한 세계관이어야 할 것입니다.

제 2 부

예수님은 사람들을 어떻게 대하셨을까?

I. 예수님과 여인들

- *간음하다가 붙잡힌 여인*
- *사마리아 수가성의 여인*
- *막달라 마리아*
- *베다니 마을의 마리아*

예수님께서 여인들을 어떻게 대하셨는가에 대해서 사실은 하나의 단원으로 이야기할 만큼 큰 주제는 되기 힘들 것입니다. 왜냐하면 예수님께서 여자와 남자를 차별하신다거나 어떤 편견을 가지고 대하시는 것은 아니기 때문입니다. 물론 그 당시 사회적인 배경을 무시하신 것도 아닙니다. 다만 여성과 남성의 특징이나 사역의 방향에 따라 구별하여 대하신 것은 맞을 것 같습니다. 열두 제자 가운데 여성은 한 명도 없었기 때문입니다.

▸ 간음하다가 붙잡힌 여인

우선 간음하다가 현장에서 붙잡혀 예수님 앞으로 끌려 나온 여인의 이야기를 보면, 예수님께서 여성에 대한 이해도가 크실 것 같다는 생각이 듭니다. 인간의 내면 속에 잔인한 정죄의식이 있는데 이 여인을 끌고 온 서기관들과 바리새인들은 특히 이런 여자에 대해서는 더욱 강하게 반감을 드러낼 것이기 때문입니다. 예수님은 군중들의 악한 심리를 정확하게 꿰뚫어보시고 "죄 없는 자가 먼저 돌로 치라."고 한 마디만 하십니다. 결국 내면의 추악한 심리를 들켜버린 사람들은 다 물러나고 여인과 예수님만 남았습니다. 예수님이 먼저 말을 거십니다.

"여자여 너를 고발하던 그들이 어디 있느냐 너를 정죄한

자가 없느냐"(요 8:10)

이 때 그 여자는 얼마나 창피하고 부끄러웠을까요? 차라리 죽어버리고 싶었을 것입니다. 여인이 기어들어가는 소리로 겨우 대답합니다.

"주여 없나이다"(요 8:11上)

예수께서 말씀하십니다.

"나도 너를 정죄하지 아니하노니 가서 다시는 죄를 범하지 말라"(요 8:11下)

여기에서 예수님은 왜 이 여인의 죄에 대해서는 한 마디도 말씀하지 않으셨을까요? 그냥 정죄하지 않겠다는 말씀뿐입니다. 예수님은 여인에 대해 어떤 생각을 가지고 계셨을까요? 원래 이스라엘에서 간음은 큰 죄에 속합니다. 그리고 간음하다가 붙잡혔을 때에는 여자는 물론 남자도 죽이도록 되어 있습니다.

"누구든지 남의 아내와 간음하는 자 곧 그의 이웃의 아내와 간음하는 자는 그 간부와 음부를 반드시 죽일지니라"(레 20:10)

그런데 서기관들과 바리새인들은 여자만 예수님께 끌고 왔습니다. 이 여인은 아마도 남편이 있는 사람이거나 약혼한 상태였던 것 같습니다. 율법으로는 죽어야 할 만한 죄를 범한 것이기 때문입니다. 그러면 마땅히 맞아 죽어야 할 죄를 저지른 여인에 대해 왜 예수님은 죄를 묻지 않으셨을까요? 여기에서 예수님의 여성관의 단면을 볼 수 있을 것입니다. 일단 예수님은 여인에게 죄가 있음은 분명하게 말씀하셨습니다. 정죄하지 않는다는 것이지 죄가 없다는 이야기가 아닙니다. 그래서 스스로 네 죄를 알 테니까 다시는 그런 죄를 범하지 말라고 말씀하셨던 것입니다.

 남자들이 간음한 여인 하나를 끌고 와서 돌로 쳐서 죽여야 한다고 주장했을 때 죄 없는 자가 먼저 돌로 치라고 말씀하신 데에서 집단적인 남자들의 죄를 보신 것을 알 수 있고, 더군다나 간음한 남자는 쏙 빼놓고 여자만 끌고 와서 예수님을 시험하는 그런 의도가 너무나도 뻔하게 보였을 것이고, 특히 성적인 죄로 인하여 이 여성의 상태가 완전히 무너져 있었을 것이고, 당장 처참하게 돌아 맞아 죽을 공포에 몸을 떨었을 것이고, 그래서 이 여인은 몸과 마음과 환경이 완전히 무너져있는 상태였을 것은 직접 안 보아도 알 수 있을 만한 정도입니다. 그렇기 때문에 예수님은 이 여인을 정죄하지 않고 죄를 사해주실 수 있었을 것입니다. 정죄하지 않는다는 말은 죄가 있지만 사해주신다는 말씀입니다.

예수님은 이 여인이 처한 심령의 상태를 정확하게 보시고 정말 하나님이 필요한 한 여인을 보셨을 것입니다. 물론 그것은 여자이기 이전에 한 사람으로도 해당되는 이야기이지만, 특별히 사회적으로 약자일 뿐만 아니라 도덕적으로도 붕괴된 한 여인의 편을 들어주신다는 데에서 여성으로서의 특수성을 분명히 의식하고 인정해 주신 것입니다.

› **사마리아 수가성의 여인**

여성은 그 당시에는 소외된 계층에 속하는 약자의 입장에 있는 존재들이었습니다. 그들은 가정이나 사회에서 외면당하면 당장 극빈층으로 떨어져야 하는 그런 사람들이었습니다. 물론 예수님께서 약자라고 해서 무조건 편이 되어 주시는 것은 결코 아닙니다만, 사회적 약자의 입장에서 살아가는 데 따르는 불이익이나 편견을 예수님은 충분히 의식하고 계셨고 또 그들의 입장을 깊이 이해하고 계셨음에 틀림없습니다.

이런 예수님의 생각은 남편을 다섯이나 바꾸었고 지금 남편도 아직 정식 남편이 아닌 사마리아 여인과의 대화에서도 엿볼 수 있습니다. 수가성의 이 여인은 사람들의 눈

길을 피해서 정오에 물을 길으러 왔습니다. 그런데 이 여인은 정숙한 여인은 아니었습니다. 어떤 사정으로 남편이 다섯이나 있었는지는 알 수 없지만 다소 성적으로 자유분방한 여인이 아니었는지는 모르겠습니다.

"너에게 남편 다섯이 있었고 지금 있는 자도 네 남편이 아니니 네 말이 참되도다"(요 4:18)

아무튼 이 여자는 다른 사람의 눈에 띄는 것을 좋아하지 않았고, 다른 여성들로부터는 싸늘한 눈길을 느끼거나 아니면 적대적인 반응을 불러일으켰을 것입니다. 그런데 이런 일반적이지 않은 여인이 예수님을 만났습니다. 이 여인은 더구나 유대 사람들이 백안시하던 사라미아 여인이었습니다. 예수님으로부터 편견의 눈길을 느낄 수 있었을까요? 우선 예수님은 이 여인에게 물을 좀 달라고 요청하셨습니다. 이 여인이 생각하기에 예수님은 이상한 사람이었습니다. 남자가 여자에게, 더구나 유대 남자가 사마리아 여자에게 물을 달라는 것은 결코 일상적인 일은 아니었으니까요.

"사마리아 여자가 이르되 당신은 유대인으로서 어찌하여 사마리아 여자인 나에게 물을 달라 하나이까 하니 이는 유대인이 사마리아인과 상종하지 아니함이러라"(요 4:9)

그런데 그 이후의 예수님과 여인의 대화를 살펴보면 남편을 다섯이나 두었었다는 점 이외에는 예수님께서 여성과 대화하신다는 생각은 전혀 들지 않습니다. 물론 물 길으러 온 여인이었기 때문에 생수 이야기부터 하십니다. 이것은 여인의 필요에 대한 정확한 분별력으로 여성의 마음을 열기 위해 필요한 접근방법이었습니다.

"예수께서 대답하여 이르시되 네가 만일 하나님의 선물과 또 네게 물 좀 달라 하는 이가 누구인 줄 알았더라면 네가 그에게 구하였을 것이요 그가 생수를 네게 주었으리라"(요 4:10)

하지만 그 후로는 우물 이야기, 남편 이야기, 예배 이야기, 그리고 그리스도에 대한 이야기로 옮겨지게 됩니다. 그리고 예수님께서 스스로를 밝히십니다.

"여자가 이르되 메시야 곧 그리스도라 하는 이가 오실 줄을 내가 아노니 그가 오시면 모든 것을 우리에게 알려 주시리이다 예수께서 이르시되 네게 말하는 내가 그라 하시니라"(요 4:25-26)

교회는 주로 남성의 입장에서 교회 질서를 세우지만, 예수님은 여성의 특수성을 충분히 이해하시고 간음한 여인이나 남편이 다섯이나 있었던 여인의 상황만을 가지고 판단하지 않으십니다. 물론 교회 사역과 여성에 대한 이해는 차원이 다른 이야기입니다만, 적어도 예수님은 여성에 대한 충분한 배려와 소통을 사용하고 계시는 것입니다. 이 여인을 방탕한 여자가 아니라 여성으로서 충분히 이해해 줌으로 말미암아 결과적으로 어떤 일을 하신 것입니까?

"여자가 물동이를 버려두고 동네로 들어가서 사람들에게 이르되 내가 행한 모든 일을 내게 말한 사람을 와서 보라 이는 그리스도가 아니냐 하니 그들이 동네에서 나와 예수께로 오더라"(요 4:28-30)

▸ 막달라 마리아

막달라 마리아는 상당히 독특한 여성으로서, 성경에는 거의 예수님 공생애의 말기에만 나타나고 있습니다. 십자가 아래에서와 부활하신 예수님을 만난 이야기들입니다. 예수님께서 일곱 귀신 들린 막달라 마리아에게서 귀신을 쫓아내주신 사실만 기록되어 있습니다.

"또한 악귀를 쫓아내심과 병 고침을 받은 어떤 여자들 곧 일곱 귀신이 나간 자 막달라인이라 하는 마리아와 헤롯의 청지기 구사의 아내 요안나와 수산나와 다른 여러 여자가 함께 하여 자기들의 소유로 그들을 섬기더라"(눅 8:2-3)

물론 많은 경우에 간음하다 붙잡힌 여인이 막달라 마리아라는 설도 있고 귀한 옥합을 깨뜨리고 예수님의 머리에 향유를 부은 여인이라는 설도 있습니다. 그리고 예수님의 두터운 신임을 받고 있는데 그래서 베드로와 마찰이 있었다는 설도 제기되었었습니다. 아마 예수님의 부활을 막달라 마리아가 제자들에게 전했을 때 아무도 그 말을 믿지 못한 데에서 그런 이야기가 생긴 것 같습니다.

"마리아가 가서 예수와 함께 하던 사람들이 슬퍼하며 울고 있는 중에 이 일을 알리매 그들은 예수께서 살아나셨다는 것과 마리아에게 보이셨다는 것을 듣고도 믿지 아니하니라"(막 16:10-11)

다른 성경에는 예수님께서 막달라 마리아뿐 아니라 여인들에게 나타나셨다고 기록하였습니다. 예수님의 십자가 처형 당시 십자가 곁에는 사도 요한과 함께 4명의 여인들이 슬퍼하며 모여 있었습니다. 그들은 예수님의 어머니 마리아, 이모(세베대의 아내, 야고보와 요한의 어머니, 살로메), 글로바의 아내 마리아(또 다른 야고보와 요셉의 어머니), 그리고 막달라 마리아 등 네 사람입니다.

"예수의 십자가 곁에는 그 어머니와 이모와 글로바의 아내 마리아와 막달라 마리아가 섰는지라"(요 19:25)

이들이 십자가 바로 밑에 있었는지 조금 떨어진 곳에 있었는지 약간씩 다르게 기록되어 있습니다만, 다른 제자들이 모두 도망치고 요한과 네 명의 여인들만 남았다는 데에서 우리는 여성들의 역할과 기능의 일단을 이해할 수 있을 것입니다. 그런데 예수님의 어머니 마리아와 이모 살로메는 우선 예수님의 인척입니다. 그리고 그렇게 된다면 사도 요한도 역시 인척입니다. 인척 이외의 두 사람이 바로 막달라 마리아와 글로바의 아내 마리아 등 두 마리아입니다. 그런데 이 두 사람의 마리아가 예수님의 묻히신 무덤을 잘 보아 둡니다. 누가는 여인들이라고만 기록하고 있습니다.

"갈릴리에서 예수와 함께 온 여자들이 뒤를 따라 그 무덤과 그의 시체를 어떻게 두었는지를 보고 돌아가 향품과 향유를 준비하더라"(눅 23:55-56)

"막달라 마리아와 요세의 어머니 마리아가 예수 둔 곳을 보더라"(막 15:47)

아무튼 중요한 것은 막달라 마리아에게 부활하신 예수님께서 처음으로 보이셨다는 사실입니다. 요한복음에 보면 부활하신 예수님과 막달라 마리아의 대화까지 기록되어 있습니다.

"예수께서 안식 후 첫날 이른 아침에 살아나신 후 전에 일곱 귀신을 쫓아내어 주신 막달라 마리아에게 먼저 보이

시니"(막 16:9)

"예수께서 이르시되 나를 붙들지 말라 내가 아직 아버지께로 올라가지 아니하였노라 너는 내 형제들에게 가서 이르되 내가 내 아버지 곧 너희 아버지, 내 하나님 곧 너희 하나님께로 올라간다 하라 하시니 막달라 마리아가 가서 제자들에게 내가 주를 보았다 하고 또 주께서 자기에게 이렇게 말씀하셨다 이르니라"(요 20:17-18)

하지만 이렇게 중요한 일을 고했음에도 예수님의 제자들은 믿지 못했다는 데에서 우리는 막달라 마리아에 대한 예수님의 견해를 엿볼 수 있을 것입니다. 그 당시 중근동 지방과 마찬가지로 이스라엘은 여성에 대한 차별이 심했었습니다. 모든 면에서 여자는 남자보다 열등하다는 편견이 지배적이었고, 여자에게는 기도의 의무조차도 없었으며, 여성의 증언은 증언으로 채택되지도 못했습니다. 이런 시대에 예수님은 막달라 마리아에게 최초로 나타나셨고 말씀을 하셨으며 제자들에게 전해주라는 지시까지 내리셨던 것입니다. 복음서에 따라 약간씩 차이가 나기는 하지만 예수님께서 막달라 마리아를 비롯한 여성들에게 이 지시를 내리신 것은 분명합니다.

"예수께서 그들을 만나 이르시되 평안하냐 하시거늘 여자들이 나아가 그 발을 붙잡고 경배하니 이에 예수께서 이르시되 무서워하지 말라 가서 내 형제들에게 갈릴리로 가라 하라 거기서 나를 보리라 하시니라"(마 28:9-10)

그러므로 예수님은 여성의 특징과 장단점을 잘 이해하시고 막달라 마리아에게 나타나셨던 것입니다. 예수님께서는 남성과 여성을 신분적으로나 사회적인 위치에 차별을 두신 것은 전혀 아닙니다. 다만 그 특성을 잘 아시고 거기에 맞게 사랑을 행하신 것입니다. 물론 막달라 마리아라는 여성이 아니라 다른 제자에게 가장 먼저 나타나시고 말씀을 주실 수도 있었을 것입니다. 하지만 예수님은 막달라 마리아에게 먼저 보이셨습니다. 한 여성으로서의 특징뿐 아니라 한 사람으로서의 특징까지 고려하시는 주님의 마음을 어느 정도는 헤아릴 수 있을 것입니다. 주님은 여성을 결코 차별하지 않으셨습니다. 오히려 여성으로서 존중해 주셨습니다.

▸ 베다니 마을의 마리아

기록에 약간씩의 차이가 있지만 요한은 베다니 나사로의 동생 마리아가 값비싼 옥합을 깨뜨려 향유를 예수님의 발에 붓고 자기 머리카락으로 발을 닦아드렸다고 기록했습니다. 다른 기록에 의하면 이 여인은 예수님의 머리에 향유를 부었다고 나와 있습니다.

"거기서 예수를 위하여 잔치할새 마르다는 일을 하고 나사로는 예수와 함께 앉은 자 중에 있더라 마리아는 지극히 비싼 향유 곧 순전한 나드 한 근을 가져다가 예수의 발에 붓고 자기 머리털로 그의 발을 닦으니 향유 냄새가 집에 가득하더라"(요 12:2-3)

"예수께서 베다니 나병환자 시몬의 집에서 식사하실 때에 한 여자가 매우 값진 향유 곧 순전한 나드 한 옥합을 가지고 와서 그 옥합을 깨뜨려 예수의 머리에 부으니"(막 14:3)

그런데 그것을 보던 제자들, 특히 가룟 유다가 마리아를 나무랍니다.

"제자 중 하나로서 예수를 잡아 줄 가룟 유다가 말하되 이 향유를 어찌하여 삼백 데나리온에 팔아 가난한 자들에게 주지 아니하였느냐 하니"(요 12:4-5)

그러나 예수님은 마리아를 크게 칭찬하실 뿐만 아니라 이 사실이 복음이 전파되는 곳에서 널리 기억될 것이라고 선포하십니다.

"이 여자가 내 몸에 이 향유를 부은 것은 내 장례를 위하여 함이니라 내가 진실로 너희에게 이르노니 온 천하에 어디서든지 이 복음이 전파되는 곳에서는 이 여자가 행한 일도 말하여 그를 기억하리라 하시니라"(마 26:12-13)

　이 향유사건에서 우리는 예수님의 여성에 대한 생각을 가감 없이 읽을 수 있습니다. 아무리 예수님과 가까운 제자들이라도 남성들 중에서는 마리아와 같은 행동을 할 사람은 전혀 없을 것입니다. 남자가 모자라거나 열등해서가 아니라 남성과 여성의 특성이 다르기 때문입니다. 남성과 여성의 독특한 차이점을 예수님은 전체적으로 인정하셨던 것입니다. 비록 사회적 분위기는 여성들에게 많이 편파적인 시대였지만 그 중에서도 예수님은 남성과 여성을 특성대로 사랑하셨습니다. 어느 쪽이 더 낫고 못하고의 문제가 아니라 남녀의 특성, 그리고 개인의 특성까지 이해하시면서 우리를 사랑하시는 예수님입니다.

2. 예수님과 제자들

- 철야기도 후에 제자들을 택하셨습니다.
- 열두 제자를 세우신 목적이 있습니다.
- 제자들은 변화되지 못했습니다.
- 제자들은 전부 예수님을 배반했습니다.
- 마침내 제자들을 변화시키셨습니다.

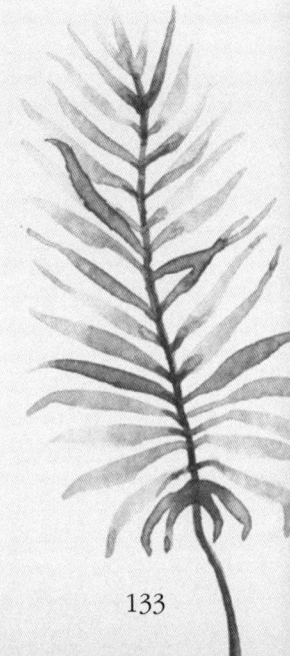

우리가 다 알다시피 기독교는 예수님의 열두 제자들과 사도 바울을 통해 세워진 종교입니다. 물론 종교이기 이전에 하나님의 진리가 온 세상에 전파되기 위한 수단으로서의 모임입니다. 그런데 예수님의 제자들은 열두 제자만 있었던 것은 아닙니다. 예수님께서 부활하신 후에 나타나 보여주신 제자들만 해도 수백 명에 이릅니다.

"장사 지낸 바 되셨다가 성경대로 사흘 만에 다시 살아나사 게바에게 보이시고 후에 열두 제자에게와 그 후에 오백여 형제에게 일시에 보이셨나니 그 중에 지금까지 대다수는 살아 있고 어떤 사람은 잠들었으며"(고전 15:4-6)

▸ 철야기도 후에 제자들을 택하셨습니다.

하지만 열두 제자(사도)들은 예수님 사역 초기에 부르신 사람들이었기 때문에 예수님은 항상 열두 제자들과 함께 하셨던 것입니다. 예수님은 열두 명의 제자들을 선택하기 위해 밤이 새도록 기도하셨습니다. 예수님께서 철야기도하신 것은 십자가에 못 박히기 위해 체포되시던 날 밤 이외에는 이 열두 제자들을 택하실 때뿐이었습니다. 그러니까 다른 말로 하면 예수님 공생애에 있어서 제자들을 택하신 일이 가장 중요하고 핵심적인 일이었다는 것입니다.

"이 때에 예수께서 기도하시러 산으로 가사 밤이 새도록 하나님께 기도하시고 밝으매 그 제자들을 부르사 그 중에서 열둘을 택하여 사도라 칭하셨으니"(눅 6:12-13)

예수님께서 택하신 열두 제자들은 다양한 직업을 가진 사람들이었습니다. 제자들의 이름은 다음과 같습니다.

"곧 베드로라고도 이름을 주신 시몬과 그의 동생 안드레와 야고보와 요한과 빌립과 바돌로매와 마태와 도마와 알패오의 아들 야고보와 셀롯이라는 시몬과 야고보의 아들 유다와 예수를 파는 자 될 가룟 유다라"(눅 6:14-16)

그들 중 베드로, 안드레, 야고보, 요한은 어부들이었고, 마대는 세관원(세리), 셀롯당 시몬은 직업이라고 할 수 있을지 모르지만 무력으로 로마를 퇴치하려는 열심당 운동을 하는 사람이었고, 아마도 도마는 목수였을 것입니다. 다른 제자들의 직업은 알려져 있지 않지만 예수님 부활하신 후에 베드로가 고기를 잡으러 갈 때 다른 제자 여섯 명과 함께 간 것으로 보아 어부는 세 사람이 더 있었던 것이 아닐까 하고 추정할 수 있습니다.

"시몬 베드로와 디두모라 하는 도마와 갈릴리 가나 사람 나다나엘과 세베대의 아들들과 또 다른 제자 둘이 함께 있더니 시몬 베드로가 나는 물고기 잡으러 가노라 하니 그들이 우리도 함께 가겠다 하고 나가서 배에 올랐으나 그 날

밤에 아무 것도 잡지 못하였더니"(요 21:2-3)

아무튼 예수님께서 친히 선택하신 열두 명의 제자들은 각각 다른 직업을 가졌을 뿐 아니라 성격이나 사상도 전혀 다른 사람이 포함되어 있었습니다. 예를 들어 열심당 시몬과 세리 마태는 전혀 어울리지 않는, 아니 어울릴 수 없는 제자들이었습니다. 왜냐하면 열심당 시몬은 로마에 대항해서 무력으로 물리치고 독립하려는 행동을 펼치는 사람이었고 세리 마태는 로마의 식민지 세금정책을 따라 유대인들로부터 세금을 거두어서 일정한 비율만 로마에 바치고 나머지는 자기 부를 채우는 부류였기 때문입니다.

물론 서로 각각 어느 정도로 자신의 직업에 충실했는지는 알 수 없지만, 성격이나 기질을 떠나 생각이나 입장 자체가 다른 사람들이 어떻게 예수님의 제자가 되어 하나가 됨으로써 예수님의 제자로서의 삶을 감당했는지 궁금해집니다. 예를 들어 예수님께서 둘씩 짝지어 전도를 보내실 때 이 셀롯인 시몬과 세리 마태가 짝이 되었다면 어떻게 서로 조화롭게 행했는지 신기하게 느껴지기도 하는 것입니다.

‣ **열두 제자를 세우신 목적이 있습니다.**

한편 예수님께서 후에 수많은 제자들이 생기기 전에 단 열두 명의 제자를 택하신 데에는 특별한 목적이 있다는 사실을 알아야 합니다. 거기에는 두 가지 목적이 있는데 하나는 예수님께서 항상 데리고 다니시기 위해서이고 다른 하나는 전도하게 하시기 위함입니다. 물론 귀신을 쫓아내는 권능을 주심으로써 귀신과의 싸움에 승리하게 하시는 목적도 있습니다만, 이 권능이란 앞의 전도의 목적 중에 포함되어 있다고 할 수 있습니다.

"또 산에 오르사 자기가 원하는 자들을 부르시니 나아온지라 이에 열둘을 세우셨으니 이는 자기와 함께 있게 하시고 또 보내사 전도도 하며 귀신을 내쫓는 권능도 가지게 히려 하심이러라"(막 3:13-15)

그래서 예수님은 후에 언제나 함께했던 제자들을 칭찬하시면서 훗날에 영적인 권세를 가지고 사도의 권능으로 열두 지파를 다스리게 하시겠다고 말씀하신 것입니다.

"너희는 나의 모든 시험 중에 항상 나와 함께 한 자들이라 내 아버지께서 나라를 내게 맡기신 것 같이 나도 너희에게 맡겨 너희로 내 나라에 있어 내 상에서 먹고 마시며 또는 보좌에 앉아 이스라엘 열두 지파를 다스리게 하려 하노라"(눅 22:28-30)

동시에 예수님의 십자가 고난과 함께 사탄이 제자들을 흔들 때를 대비해 예수님께서 미리 기도하셨다고 말씀하신 것입니다.

"시몬아, 시몬아, 보라 사탄이 너희를 밀 까부르듯 하려고 요구하였으나 그러나 내가 너를 위하여 네 믿음이 떨어지지 않기를 기도하였노니 너는 돌이킨 후에 네 형제를 굳게 하라"(눅 22:31-32)

그래서 예수님은 제자들을 전도자로 파송하시고 전도를 행하게 하셨던 것입니다.

"예수께서 이 열둘을 내보내시며 명하여 이르시되 이방인의 길로도 가지 말고 사마리아인의 고을에도 들어가지 말고 오히려 이스라엘 집의 잃어버린 양에게로 가라 가면서 전파하여 말하되 천국이 가까이 왔다 하고 병든 자를 고치며 죽은 자를 살리며 나병환자를 깨끗하게 하며 귀신을 쫓아내되 너희가 거저 받았으니 거저 주라"(마 10:5-8)

나중에 따로 전도를 보내셨던 칠십 명의 제자들이 돌아와서 전도보고를 할 때의 모습이 열두 제자들에게서도 나타났을 것입니다.

"칠십 인이 기뻐하며 돌아와 이르되 주여 주의 이름이면 귀신들도 우리에게 항복하더이다 예수께서 이르시되 사탄이 하늘로부터 번개 같이 떨어지는 것을 내가 보았노라 내가 너희에게 뱀과 전갈을 밟으며 원수의 모든 능력을 제어할 권능을 주었으니 너희를 해칠 자가 결코 없으리라"(눅 10:17-19)

그런데 열두제자를 세우신 예수님의 목적은 오늘날 모든 기독교인들에게 그대로 계승되어 있다는 사실을 알아야 합니다. 예수님의 전도명령은 모든 제자들에게 그대로 적용되기 때문입니다.

"예수께서 나아와 말씀하여 이르시되 하늘과 땅의 모든 권세를 내게 주셨으니 그러므로 너희는 가서 모든 민족을 제자로 삼아 아버지와 아들과 성령의 이름으로 세례를 베풀고 내가 너희에게 분부한 모든 것을 가르쳐 지키게 하라 볼지어다 내가 세상 끝날까지 너희와 항상 함께 있으리라 하시니라"(마 28:18-20)

▸ 제자들은 변화되지 못했습니다.

하지만 예수님을 따라다니면서 권능을 받아서 전도도 하고 예수님께서 일으키시는 기적도 체험하고 자연까지도 다스리시는 예수님의 능력을 경험하면서도 제자들은 거의 변화되지 못했습니다. 몇 가지 예를 든다면 그 중 하나가 베드로의 위대한 신앙고백 직후에 일어난 일입니다. 예수님께서 사역 말기에 비로소 고난에 대해 제자들에게 말씀하십니다.

"이 때로부터 예수 그리스도께서 자기가 예루살렘에 올라가 장로들과 대제사장들과 서기관들에게 많은 고난을 받고 죽임을 당하고 제삼일에 살아나야 할 것을 제자들에게 비로소 나타내시니"(마 16:21)

이 때 베드로가 예수님을 말리고 나섭니다.
"베드로가 예수를 붙들고 항변하여 이르되 주여 그리 마옵소서 이 일이 결코 주께 미치지 아니하리이다"(마 16:22)

예수님은 베드로를 심하게 나무라십니다.
"예수께서 돌이키시며 베드로에게 이르시되 사탄아 내 뒤로 물러가라 너는 나를 넘어지게 하는 자로다 네가 하나님의 일을 생각하지 아니하고 도리어 사람의 일을 생각하는도다 하시고"(마 16:23)

아직 성령강림 이전이므로 당연한 반응이라고 할 수도 있겠지만 베드로에게는 예수님의 사역에 대한 이해가 전혀 이루어지지 않았습니다. 심령의 변화가 일어나지 않은 가운데 외적인 예수님의 사역에만 몰두하고 있었던 것입니다. 변화되지 못한 신앙은 자꾸 육신의 것들만 쫓아가게 되어 있습니다. 예수님의 열렬한 제자였지만 그는 사실은 완전히 자기중심의 신앙에 매어있는 사람이었습니다.

베드로만 그런 것이 아니었습니다. 야고보와 요한 형제도 마찬가지였습니다. 오히려 더 노골적이었고 그들의 어머니까지 나서서 좋은 자리를 달라고 청탁하는 것이었습니다. 야고보와 요한의 어머니는 세베대의 아내이며 예수님의 이모인 살로메입니다. 인척의 연줄을 가지고 출세를 예약하려는 것이었습니다.

"그 때에 세베대의 아들의 어머니가 그 아들들을 데리고 예수께 와서 절하며 무엇을 구하니 예수께서 이르시되 무엇을 원하느냐 이르되 나의 이 두 아들을 주의 나라에서 하나는 주의 우편에, 하나는 주의 좌편에 앉게 명하소서" (마 20:20-21)

예수님의 대답의 결론은 그런 자리를 탐할 것이 아니라 먼저 섬기는 사람이 으뜸이 된다는 말씀이었습니다.

"너희 중에는 그렇지 않아야 하나니 너희 중에 누구든지 크고자 하는 자는 너희를 섬기는 자가 되고 너희 중에 누구든지 으뜸이 되고자 하는 자는 너희의 종이 되어야 하리

라"(마 20:26-27)

그런데 겉으로 말은 하지 않았지만 다른 제자들도 비슷한 생각을 가지고 있었던 사실이 기록되어 있습니다. 야고보와 요한 형제의 청탁을 지켜보던 다른 제자들이 모두 화를 냈다고 했습니다.

"열 제자가 듣고 그 두 형제에 대하여 분히 여기거늘"(마 20:24)

물론 변화의 기준을 어디에 두느냐에 따라 다른 이야기를 할 수도 있겠습니다만, 예수님의 제자들은 예수님의 공생애 말기까지 육신적이고 개인주의적인 생각을 여지없이 드러냈던 것입니다. 예수님으로부터 많은 가르침을 받았고 예수님께서 일으키시는 기적을 바로 옆에서 지켜보았지만 영적인 변화가 일어나지 못함으로 말미암아 다만 예수님의 제자라는 점 이외에는 다른 사람들과 별로 큰 차이점을 발견할 수 없었던 것입니다. 마치 교회에 다닌다는 점 외에는 세상 사람들과 전혀 구별되지 않는 성도의 모습과 같습니다.

▸ **제자들은 전부 예수님을 배반했습니다.**

그리고 마침내 육신적인 생각으로만 예수님을 믿고 따라다녔던 제자들에게 그들의 정체성을 확인할 수 있는 상황이 닥치고 말았습니다. 제자들은 귀담아 듣지 않았지만 예수님께서 수 차례 밝히신 것처럼 대제사장이 보낸 무리들에 체포되기에 이르렀습니다. 아마 제자들에게는 도둑같이 임한 예수님과 제자들 자신의 종말이었을 것입니다. 제자들은 전부 도망쳤습니다.

"예수께서 말씀하실 때에 곧 열둘 중의 하나인 유다가 왔는데 대제사장들과 서기관들과 장로들에게서 파송된 무리가 검과 몽치를 가지고 그와 함께 하였더라 … 제자들이 다 예수를 버리고 도망하니라"(막 14:43, 50)

더구나 베드로는 그 와중에서 예수님을 모른다고 세 번씩이나 잡아떼는 기가 막힌 모습까지 연출하고 말았습니다.

"베드로가 바깥뜰에 앉았더니 한 여종이 나아와 이르되 너도 갈릴리 사람 예수와 함께 있었도다 하거늘 베드로가 모든 사람 앞에서 부인하여 이르되 나는 네가 무슨 말을 하는지 알지 못하겠노라 하며 … 베드로가 맹세하고 또 부인하여 이르되 나는 그 사람을 알지 못하노라 하더라 … 그가 저주하며 맹세하여 이르되 나는 그 사람을 알지 못하노라 하니 곧 닭이 울더라"(마 26:69-74)

이 말씀은 예수님께서 조금 전에 이미 예언하신 것이었습니다. 베드로는 갑자기 그 생각이 나서 심히 통곡합니다.

"이에 베드로가 예수의 말씀에 닭 울기 전에 네가 세 번 나를 부인하리라 하심이 생각나서 밖에 나가서 심히 통곡하니라"(마 26:75)

그런데 베드로가 불과 몇 시간 전에 어떤 말을 했는지 아십니까? 다른 사람은 다 주님을 버리더라도 자기만은 절대 버리지 않겠노라고 큰 소리치고 맹세했었습니다. 그 때 예수님께서 베드로가 세 번 부인할 것을 말씀하신 것입니다. 하지만 베드로는 주와 함께 죽을지라도 결코 부인하는 일은 없을 것이라고 외쳤고, 다른 제자들도 버리지 않겠다고 단언했습니다.

"베드로가 대답하여 이르되 모두 주를 버릴지라도 나는 결코 버리지 않겠나이다 예수께서 이르시되 내가 진실로 네게 이르노니 오늘 밤 닭 울기 전에 네가 세 번 나를 부인하리라 베드로가 이르되 내가 주와 함께 죽을지언정 주를 부인하지 않겠나이다 하고 모든 제자도 그와 같이 말하니라"(마 26:33-35)

베드로를 비롯한 예수님의 제자들의 허물을 강조하는 것이 아니라 진정한 변화에 대해서 이야기하는 것입니다. 심령의 변화가 없이는 예수님을 믿어도 믿는 것이 아닙니다. 예수님과 제자들의 관계는 예수님께서 미래에 변화될 제자들을 끊임없이 가르치시고 참으시고 고쳐주시는 과정 중의 관계인 것입니다.

▸ **마침내 제자들을 변화시키셨습니다.**

예수님의 가르침은 결코 헛된 것이 아니었습니다. 그 많은 가르침 속에서 성장하는 듯이 보였던 제자들이 결국 마지막 순간에 한 사람도 예외 없이 예수님을 배반하거나 도망쳤습니다. 예수님의 모든 가르침과 직간접적으로 경험하게 하신 그 진리들은 다 허공에 사라진 것일까요? 책 한 권, 글 한 줄 남기지 않으신 예수님의 공생애 사역은 결국 실패로 귀결되어 버려야 하는 것일까요? 물론 일시적으로는 그랬습니다. 그러나 예수님의 생명의 가르침은 살아남아 있었습니다. 살아남을 정도가 아니라 놀라운 능력과 강력한 전파력을 가지고 수천 년이 흐르도록 사람들과 세상을 변화시키고 있는 것입니다.

그 가르침들은 그 당시 현재를 위한 가르침들이 아니었

습니다. 나중에 생각나게 하실 말씀들이었습니다. 결국 성경으로 남아서 복음의 진리가 온 세상 구석구석까지 퍼져 나갈 수 있게 된 것이었습니다. 예를 들어 예수님께서 어린 나귀를 타신 일도 나중에 제자들에게 그 목적을 생각나게 하신 것이었습니다.

"예수는 한 어린 나귀를 보고 타시니 이는 기록된 바 시온 딸아 두려워하지 말라 보라 너의 왕이 나귀 새끼를 타고 오신다 함과 같더라 제자들은 처음에 이 일을 깨닫지 못하였다가 예수께서 영광을 얻으신 후에야 이것이 예수께 대하여 기록된 것임과 사람들이 예수께 이같이 한 것임이 생각났더라"(요 12:14-16)

예수님은 보혜사(돕는 분) 성령님을 약속하시면서 그 성령님께서 예수님이 가르치신 모든 진리들이 생각나게 해 주실 것이라고 약속하셨습니다. 결국 사람을 변화시키는 것은 예수님의 가르침, 곧 말씀이며, 말씀이 말씀되게 하시는 분은 성령님이신 것입니다.

"보혜사 곧 아버지께서 내 이름으로 보내실 성령 그가 너희에게 모든 것을 가르치고 내가 너희에게 말한 모든 것을 생각나게 하리라"(요 14:26)

이제 제자들은 변화되었습니다. 예수님의 그토록 진실

하시고 열정적인 말씀이 3년 동안 제자들을 변화시킨 것은 아니었습니다. 그러나 성령님의 오심으로 말미암아 그 말씀들이 생각나게 하심으로써 제자들을 변화시키셨던 것입니다. 제자들이 나중에 어떻게 되었습니까? 베드로는 한 자리에서 삼천 명이나 회개시킬 정도로 능력의 사도가 되었습니다.

"베드로가 이르되 너희가 회개하여 각각 예수 그리스도의 이름으로 세례를 받고 죄 사함을 받으라 그리하면 성령의 선물을 받으리니 … 그 말을 받은 사람들은 세례를 받으매 이 날에 신도의 수가 삼천이나 더하더라"(행 2:38, 41)

관리들의 명령도 무서워하지 않았습니다. 전도하지 말라는 조건으로 감옥에서 놓아주려고 했을 때에도 조금도 굽히지 않았습니다.

"그들을 불러 경고하여 도무지 예수의 이름으로 말하지도 말고 가르치지도 말라 하니 베드로와 요한이 대답하여 이르되 하나님 앞에서 너희의 말을 듣는 것이 하나님의 말씀을 듣는 것보다 옳은가 판단하라 우리는 보고 들은 것을 말하지 아니할 수 없다 하니"(행 4:18-20)

예수님은 제자들의 연약함과 부족함과 허물들을 전부

감수하셨습니다. 다만 성령님이 오신 후에 제자들에게 생각나게 하기를 원하셨습니다. 지금은 서로 자리다툼이나 하는 제자들이지만 후에는 예수님의 가르침으로 말미암아 각자가 어느 곳에서든지 하나님의 복음사역을 훌륭하게 감당할 뿐 아니라 용감하고 열정적으로 이루어나갈 줄을 예수님은 아셨던 것입니다. 심지어는 복음사역을 위해 하나같이 순교를 마다하지 않을 정도로 말입니다. 지금도 예수님은 제자들을 참아주고 계십니다. 다만 말씀으로 변화되기만을 바라시면서 말입니다.

3. 예수님과 바리새인들

- 율법 문제로 많이 부딪치셨습니다.
- 예수님은 바리새인들을 비판하셨습니다.
- 바리새인들은 예수님을 시험했습니다.
- 외식하는 자들을 저주하셨습니다.
- 바리새인들은 예수님을 죽이기로 했습니다.

서기관이란 예수님 당시의 율법사들이었는데, 바리새인들이었으며, 율법의 해석자요 교사였으므로 랍비라고 불리어지기도 하는 사람들이었습니다. 또한 당시 산헤드린 공회의 회원들이 서기관들이었으며 사회법의 대부분이 서기관들의 율법해석에 근거해서 만들어졌습니다. 따라서 그들의 권위는 대단한 것으로서 율법의 최종권위를 쥐고 있는 사람들이었습니다.

"서기관들과 바리새인들이 모세의 자리에 앉았으니"(마 23:2)

바리새인들이란 사두개파, 엣세네파와 함께 이스라엘의 3대 종파를 형성하고 있던 사람들이었습니다. 쉽게 말하면 바리새인들은 일종의 경건주의자들이라고 할 수 있는데, '바리새'라는 이름 자체가 '구별하다, 성별하다'는 의미를 가지고 있는 만큼 조상들의 전통과 율법을 철저하게 지키려는 사람들이었습니다. 그러므로 영혼의 존재와 부활, 천국, 천사 등의 존재를 모두 믿었으며 장차 도래할 메시아 왕국에 대한 소망으로 가득 차 있던 사람들이었습니다. 그래서 예수님은 그들의 외적인 의를 주목해 보셨던 것입니다.

"내가 너희에게 이르노니 너희 의가 서기관과 바리새인보다 더 낫지 못하면 결코 천국에 들어가지 못하리라"(마

5:20)

그렇다면 서기관들과 바리새인들은 이스라엘의 근간을 이루는 율법의 수호자들이었는데 왜 예수님은 그들과 끊임없이 마찰을 일으키셨던 것일까요? 여기에 대해서 살펴보면서 우리는 현재 우리나라 기독교의 상황과 연결지어 보지 않을 수가 없을 것입니다. 왜냐하면 진리가 종교 속에 가두어질 때 나타날 수 있는 현상들이 서기관들과 바리새인들에게서 고스란히 나타나고 있기 때문입니다.

▸ 율법 문제로 많이 부딪치셨습니다.

일단 바리새인들은 율법을 무시하는 듯한 예수님을 참을 수가 없었습니다. 특히 안식일에 하지 말아야 할 것으로 정해져 있는 몇몇 가지 규례를 예수님께서 침범하시는 것에 대해 공격하기 시작했습니다. 우선 안식일에 밀밭 사이를 지나갈 때 제자들이 배가 고파서 이삭을 잘라 먹은 일로 안식일 시비가 시작되었습니다.

"안식일에 예수께서 밀밭 사이로 지나가실새 제자들이 이삭을 잘라 손으로 비비어 먹으니 어떤 바리새인들이 말하되 어찌하여 안식일에 하지 못할 일을 하느냐"(눅 6:1-2)

물론 그들의 규례대로라면 이것은 명백한 노동에 해당됩니다. 밀 이삭을 잘라서 손으로 비비는 것이 곡식의 추수와 타작이 되기 때문입니다. 하지만 그것은 하나님께서 내리신 율법과는 별로 관계없이 굳어진 종교전통일 뿐이었습니다. 단순한 전통이 아니라 그 전통을 기준으로 사람들을 정죄하기 때문에 문제였던 것입니다. 그래서 예수님은 성경의 예를 들어 본질을 설명하십니다.

"예수께서 대답하여 이르시되 다윗이 자기 및 자기와 함께 한 자들이 시장할 때에 한 일을 읽지 못하였느냐 그가 하나님의 전에 들어가서 다만 제사장 외에는 먹어서는 안 되는 진설병을 먹고 함께 한 자들에게도 주지 아니하였느냐 또 이르시되 인자는 안식일의 주인이니라 하시더라"(눅 6:3-5)

예수님께서 안식일에 병을 고치신 일을 가지고도 바리새인들은 예수님을 질책하고 나섰습니다. 병을 고치는 행위도 안식일에 해서는 안 될 노동이라는 것입니다.

"열여덟 해 동안이나 귀신 들려 앓으며 꼬부라져 조금도 펴지 못하는 한 여자가 있더라 예수께서 보시고 불러 이르시되 여자여 네가 네 병에서 놓였다 하시고 안수하시니 여자가 곧 펴고 하나님께 영광을 돌리는지라 회당장이 예수께서 안식일에 병 고치시는 것을 분 내어 무리에게 이르되 일할 날이 엿새가 있으니 그 동안에 와서 고침을 받을 것이요 안식일에는 하지 말 것이니라 하거늘"(눅 13:11-14)

예수님께서 진리와 전혀 관계없는 규례로 압박하는 회당장에게 율법의 원리를 알려주십니다.

"주께서 대답하여 이르시되 외식하는 자들아 너희가 각각 안식일에 자기의 소나 나귀를 외양간에서 풀어내어 이끌고 가서 물을 먹이지 아니하느냐 그러면 열여덟 해 동안 사탄에게 매인 바 된 이 아브라함의 딸을 안식일에 이 매임에서 푸는 것이 합당하지 아니하냐"(눅 13:15-16)

하기는 안식일 문제로 바리새인들과 부딪치기 전에 이미 바리새인들은 예수님께 대한 반감을 가지고 있었습니다. 네 사람이 침상에 메고 예수님께 데리고 왔던 중풍병자를 향하여 예수님께서 죄 사함을 선포하셨기 때문입니다. 그 자리에 있던 서기관과 바리새인들이 속으로 예수님을 신성모독 하는 자라고 생각했던 것입니다.

"예수께서 그들의 믿음을 보시고 이르시되 이 사람아 네 죄 사함을 받았느니라 하시니 서기관과 바리새인들이 생각하여 이르되 이 신성모독 하는 자가 누구냐 오직 하나님 외에 누가 능히 죄를 사하겠느냐"(눅 5:20-21)

유대인의 전통은 음식 먹기 전에 손을 씻는 것과 물을 뿌리는 일을 반드시 행하는 것인데 제자들 중 몇 사람이 손을 씻지 않는 것을 보고 따지고 들었습니다.

"바리새인들과 또 서기관 중 몇이 예루살렘에서 와서 예수께 모여들었다가 그의 제자 중 몇 사람이 부정한 손 곧 씻지 아니한 손으로 떡 먹는 것을 보았더라 (바리새인들과 모든 유대인들은 장로들의 전통을 지키어 손을 잘 씻지 않고서는 음식을 먹지 아니하며 또 시장에서 돌아와서도 물을 뿌리지 않고서는 먹지 아니하며 그 외에도 여러 가지를 지키어 오는 것이 있으니 잔과 주발과 놋그릇을 씻음이러라) 이에 바리새인들과 서기관들이 예수께 묻되 어찌하여 당신의 제자들은 장로들의 전통을 준행하지 아니하고 부정한 손으로 떡을 먹나이까"(막 7:1-5)

그리고 예수님과 제자들이 세리나 죄인들과 함께 음식을 드시는 것을 보고도 바리새인들이 시비를 걸었습니다. 하지만 예수님의 대답은 하나님의 마음을 말씀하시는 근원적인 진리였습니다.

"바리새인의 서기관들이 예수께서 죄인 및 세리들과 함께 잡수시는 것을 보고 그의 제자들에게 이르되 어찌하여 세리 및 죄인들과 함께 먹는가 예수께서 들으시고 그들에게 이르시되 건강한 자에게는 의사가 쓸 데 없고 병든 자에게라야 쓸 데 있느니라 나는 의인을 부르러 온 것이 아니요 죄인을 부르러 왔노라 하시니라"(막 2:15-16)

▸ 예수님은 바리새인들을 비판하셨습니다.

예수님의 가르침들과 선포들은 서기관들이나 바리새인들을 비판하기 위한 말씀은 아니었습니다. 그러나 율법의 본질은 망각하거나 덮어버리고 겉으로 드러나는 외적인 전통 준수에만 목을 매고 있는 서기관들과 바리새인들은 그냥 종교인이 아니라 하나님의 사랑과 진리를 가로막고 있는 존재들이었습니다. 왜냐하면 이스라엘의 모든 백성들은 서기관들과 바리새인들의 가르침을 따르게 되어 있었기 때문입니다.

예수님의 답변의 본질은 마음이 빠진 율법준수, 내면의 변화 없이 종교적인 전통만으로는 아무런 소용이 없을 뿐 아니라 오히려 죄가 된다는 말씀이었습니다. 신앙전통은 존중되어야 하지만 본질을 망각한 전통은 하나님과의 관계에서 단지 걸림돌일 뿐인 것입니다.

"대답하여 이르시되 너희는 어찌하여 너희의 전통으로 하나님의 계명을 범하느냐 하나님이 이르셨으되 네 부모를 공경하라 하시고 또 아버지나 어머니를 비방하는 자는 반드시 죽임을 당하리라 하셨거늘 너희는 이르되 누구든지 아버지에게나 어머니에게 말하기를 내가 드려 유익하게 할 것이 하나님께 드림이 되었다고 하기만 하면 그 부모를 공경할 것이 없다 하여 너희의 전통으로 하나님의 말씀을 폐하는도다"(마 15:3-6)

율법적인 규례와 종교전통 속에 숨어 있는 원리는 말하고 가르치는 것과 실천하고 행동하는 것의 괴리에 있습니다. 말하고 가르치는 사람들의 맹점은 자신이 가르치고 말하는 것과 같은 삶을 살고 있다고 착각하기 쉽다는 것입니다. 율법을 많이 대하다 보니까 깨닫는 것은 많은데 그 깨달음이 자신을 변화시키는 것이 아니라 다른 사람을 변화시키는 데 사용되기 쉬운 것입니다.

"서기관들과 바리새인들이 모세의 자리에 앉았으니 그러므로 무엇이든지 그들이 말하는 바는 행하고 지키되 그들이 하는 행위는 본받지 말라 그들은 말만 하고 행하지 아니하며 또 무거운 짐을 묶어 사람의 어깨에 지우되 자기는 이것을 한 손가락으로도 움직이려 하지 아니하며 그들의 모든 행위를 사람에게 보이고자 하나니 곧 그 경문 띠를 넓게 하며 옷술을 길게 하고 잔치의 윗자리와 회당의 높은 자리와 시장에서 문안 받는 것과 사람에게 랍비라 칭함을 받는 것을 좋아하느니라"(마 23:2-7)

가르치는 것과 행하는 것이 전혀 다르니까 스스로 모순에 빠질 수밖에 없고 예수님은 더 깊은 이야기를 하시게 되는 것입니다. 서기관들과 바리새인들은 자기가 스스로 갇혀 있는 율법 안에서만 사물을 보기 때문에 모순된 언행을 나타내게 되는 것입니다. 예수님께서 귀신을 쫓아내자 예수님이 귀신의 왕을 힘입어서 쫓아낸 것이라고 비난합니다.

"그 때에 귀신 들려 눈 멀고 말 못하는 사람을 데리고 왔거늘 예수께서 고쳐 주시매 그 말 못하는 사람이 말하며 보게 된지라 무리가 다 놀라 이르되 이는 다윗의 자손이 아니냐 하니 바리새인들은 듣고 이르되 이가 귀신의 왕 바알세불을 힘입지 않고는 귀신을 쫓아내지 못하느니라 하거늘"(마 12:22-24)

예수님으로서는 자연스럽게 그들의 이중적이고 파당적인 태도를 비판하실 수밖에 없는 것입니다.

"만일 사탄이 사탄을 쫓아내면 스스로 분쟁하는 것이니 그리하고야 어떻게 그의 나라가 서겠느냐 … 그러나 내가 하나님의 성령을 힘입어 귀신을 쫓아내는 것이면 하나님의 나라가 이미 너희에게 임하였느니라 … 그러므로 내가 너희에게 이르노니 사람에 대한 모든 죄와 모독은 사하심을 얻되 성령을 모독하는 것은 사하심을 얻지 못하겠고 … 독사의 자식들아 너희는 악하니 어떻게 선한 말을 할 수 있느냐 이는 마음에 가득한 것을 입으로 말함이라"(마 12:26, 28, 31, 34)

▸ 바리새인들은 예수님을 시험했습니다.

바리새인들은 백성들이 예수님의 말씀을 귀중하게 듣고 따르게 되자 자신들이 오랫동안 쌓아왔던 종교적 권위에 위기감을 느낍니다. 그래서 예수님을 올무에 빠뜨리기 위해 자꾸 여러 가지 시험을 겁니다. 가장 현실적인 문제로 세금에 대한 답변을 요구합니다.

"그들이 예수의 말씀을 책잡으려 하여 바리새인과 헤롯당 중에서 사람을 보내매 와서 이르되 선생님이여 우리가 아노니 당신은 참되시고 아무도 꺼리는 일이 없으시니 이는 사람을 외모로 보지 않고 오직 진리로써 하나님의 도를 가르치심이니이다 가이사에게 세금을 바치는 것이 옳으니이까 옳지 아니하니이까 우리가 바치리이까 말리이까"(막 12:13-15上)

이것은 물론 예수님을 올무에 걸리게 하기 위한 질문입니다. 가이사에게 세금을 바치라고 하면 유대인들의 민족적인 정서를 자극하는 것이 되고 바치지 말라고 하면 로마의 식민지인 현실을 부정하고 로마 황제에게 대항하는 것으로 보이기 때문입니다. 예수님의 대답은 그 어느 것도 아니면서 가장 적절한 가르침이 되는 말씀이었습니다.

" … 예수께서 그 외식함을 아시고 이르시되 어찌하여 나를 시험하느냐 데나리온 하나를 가져다가 내게 보이라 하시니 가져왔거늘 예수께서 이르시되 이 형상과 이 글이 누구의 것이냐 이르되 가이사의 것이니이다 이에 예수께서 이르시되 가이사의 것은 가이사에게, 하나님의 것은 하나님께 바치라 하시니 그들이 예수께 대하여 매우 놀랍게 여기더라"(막 12:15-17)

뿐만 아니라 음행 중에 붙잡힌 여인을 끌고 예수님께 와서 시험합니다. 간음한 여자를 율법대로 돌로 치라고 하면 사랑과 용서의 하나님이 훼손되는 것이고 돌로 치지 말라고 하면 이스라엘 백성들이 모두 진리로 여기고 있는 율법을 범하는 꼴이 되는 것입니다.

"서기관들과 바리새인들이 음행 중에 잡힌 여자를 끌고 와서 가운데 세우고 예수께 말하되 선생이여 이 여자가 간음하다가 현장에서 잡혔나이다 모세는 율법에 이러한 여자를 돌로 치라 명하였거니와 선생은 어떻게 말하겠나이까"(요 8:3-5)

예수님의 대답은 공통적인 인간의 본성에 대한 지적이며 하나님의 본질적인 사랑을 일깨우는 말씀이었습니다. 동시에 죄에 대한 회개의 의미를 정확하게 짚어주시는 말씀이었습니다.

"그들이 묻기를 마지 아니하는지라 이에 일어나 이르시되 너희 중에 죄 없는 자가 먼저 돌로 치라 하시고"(요 8:7)

이것은 작은 부분에 불과하고 틈만 있으면 그들은 예수님을 시험하여 올무에 걸리게 하고자 힘썼습니다. 이혼에 대한 문제(마 19:3), 어느 계명이 가장 크냐는 율법에 대한 문제(마 22:36), 영생에 대한 질문(눅 10:25) 등 예수님을 해치지 못해서 안달이 납니다.

"이에 그들이 엿보다가 예수를 총독의 다스림과 권세 아래에 넘기려 하여 정탐들을 보내어 그들로 스스로 의인인 체하며 예수의 말을 책잡게 하니"(눅 20:20)

심지어 예수님이 그리스도라면 하늘로부터 오는 표적을 보여 달라고까지 시험하려고 했습니다. 하지만 예수님을 올무에 걸리게 하기 위한 요구였으므로 그 어떤 표적도 그들에게는 필요가 없었습니다. 결국 예수님은 무덤에 묻혔다가 3일 후에 부활하는 가장 근본적인 증거를 제시하시며 상징적으로 요나의 표적이라고 선포하시는 것으로 마

무리 지으시는 것입니다.

"그 때에 서기관과 바리새인 중 몇 사람이 말하되 선생님이여 우리에게 표적 보여주시기를 원하나이다 예수께서 대답하여 이르시되 악하고 음란한 세대가 표적을 구하나 선지자 요나의 표적 밖에는 보일 표적이 없느니라"(마 12:38-39)

▸ 외식하는 자들을 저주하셨습니다.

그러면 왜 예수님은 3년간의 공생애 중에서 그토록 많은 부분을 바리새인들을 비판하시는 데 사용하신 것일까요? 도대체 바리새인들의 어떤 점이 그토록 잘못되었으며 왜 그들의 죄는 모두 지옥으로 떨어져야 할 정도로 심각했던 것일까요? 그들은 종교적으로 완벽한 사람들이었습니다. 모든 백성들이 그들을 본으로 삼았고 그들의 가르침대로 살려고 노력했습니다. 유대교라는 종교적인 안목으로 볼 때에는 그들에게는 흠이 조금도 없었습니다. 그런데도 예수님은 죄인이나 세리나 창기와 같은 사람들의 죄에 대해서는 전혀 언급하지 않으시면서 오히려 바리새인들을 심하게 책망하셨습니다.

예수님께서 서기관들이나 바리새인들을 책망하신 이유

는 그들이 종교적으로 외식하는 사람들이었기 때문입니다. 외식이란 위선을 말하는 것으로, 속에는 거짓과 탐욕과 악독과 분노가 가득한데도 겉으로는 너무나도 거룩한 체하는 신앙적 모습을 말합니다. 그들은 그들의 모든 신앙적 행위를 할 때에 하나님을 의식하는 것이 아니라 철저하게 사람을 의식하고 자기들의 신앙적인 거룩함을 사람들에게 보이려고 했던 것입니다.

"화 있을진저 외식하는 서기관들과 바리새인들이여 잔과 대접의 겉은 깨끗이 하되 그 안에는 탐욕과 방탕으로 가득하게 하는도다 눈 먼 바리새인이여 너는 먼저 안을 깨끗이 하라 그리하면 겉도 깨끗하리라 화 있을진저 외식하는 서기관들과 바리새인들이여 회칠한 무덤 같으니 겉으로는 아름답게 보이나 그 안에는 죽은 사람의 뼈와 모든 더러운 것이 가득하도다"(마 23:25-27)

하지만 사람들에게 보이려고 행하는 종교행위는 사람들로부터는 칭찬을 받고 존경을 받을지는 모르지만 오히려 그것 때문에 천국에 가는 길은 요원해질 수밖에 없었던 것입니다. 왜냐하면 천국에 올라가서 받아야 할 상을 이 땅에서 이미 자기 상으로 다 받아버렸기 때문입니다. 그리고 그것으로써 그들은 하나님께서 인정하시는 의인이 아니라 자칭 의인이 되어 버렸기 때문이기도 한 것입니다.

"그러므로 구제할 때에 외식하는 자가 사람에게서 영광을 받으려고 회당과 거리에서 하는 것 같이 너희 앞에 나팔을 불지 말라 진실로 너희에게 이르노니 그들은 자기 상을 이미 받았느니라 … 또 너희는 기도할 때에 외식하는 자와 같이 하지 말라 그들은 사람에게 보이려고 회당과 큰 거리 어귀에 서서 기도하기를 좋아하느니라 내가 진실로 너희에게 이르노니 그들은 자기 상을 이미 받았느니라 … 금식할 때에 너희는 외식하는 자들과 같이 슬픈 기색을 보이지 말라 그들은 금식하는 것을 사람에게 보이려고 얼굴을 흉하게 하느니라 내가 진실로 너희에게 이르노니 그들은 자기 상을 이미 받았느니라"(마 6:2, 5, 16)

그래서 서기관들과 바리새인들은 자기들만 구원받지 못하고 지옥에 빠지는 것이 아니라 그들의 가르침을 믿고 신앙생활을 하던 모든 백성들까지 지옥으로 끌고 들어가는 것입니다. 그러니 이들의 죄가 얼마나 무겁겠습니까? 이들의 말이나 가르침을 깨뜨리지 않고는 하나님의 진리가 들어갈 틈이 없었던 것입니다. 그래서 예수님은 율법에 정통한 율법주의자들을 제자로 부르지 않으시고 그런 형식적인 전통과는 멀리 있는 사람들을 제자로 만들었던 것입니다.

"화 있을진저 외식하는 서기관들과 바리새인들이여 너

희는 천국 문을 사람들 앞에서 닫고 너희도 들어가지 않고 들어가려 하는 자도 들어가지 못하게 하는도다 … 화 있을진저 외식하는 서기관들과 바리새인들이여 너희는 교인 한 사람을 얻기 위하여 바다와 육지를 두루 다니다가 생기면 너희보다 배나 더 지옥 자식이 되게 하는도다"(마 23:13, 15)

▸ **바리새인들은 예수님을 죽이기로 했습니다.**

여호와 신앙으로 뭉쳐있던 서기관들과 바리새인들은 어쩌다가 살인을 저지르게까지 되었던 것일까요? 물론 직접 살인하려는 것이 아니라 법적인 올무를 걸어서 합법적으로 죽이려는 것이었습니다. 백성들이 예수님을 두려워하고 자신들은 백성들을 두려워하기 때문입니다. 그들이 누리던 특권과 권세가 백성들로부터 외면당하는 것을 두려워했던 것입니다.

"대제사장들과 서기관들이 듣고 예수를 어떻게 죽일까 하고 꾀하니 이는 무리가 다 그의 교훈을 놀랍게 여기므로 그를 두려워함일러라"(막 11:18)

"대제사장들과 서기관들이 예수를 무슨 방도로 죽일까 궁리하니 이는 그들이 백성을 두려워함이더라"(눅 22:2)

그런데 그들의 비겁함은 이스라엘 내의 다른 종파 곧 사두개인들로 구성된 대제사장들과 정치집단에 가까운 헤롯당과 합세하여 예수님을 죽이려는 것이었습니다. 대제사장들은 평소 원칙주의자들이며 애국적인 바리새인들과 거의 어울리지 않는 사람들이었고, 헤롯당과 바리새인들은 서로 원수와도 같은 사람들이었습니다. 헤롯당은 헤롯 왕의 편에서 활동하는 집단으로 친로마적인 태도를 보이기 때문이었습니다.

"이는 대제사장들과 바리새인들이 누구든지 예수 있는 곳을 알거든 신고하여 잡게 하라 명령하였음이러라"(요 11:57)

"바리새인들이 나가서 곧 헤롯당과 함께 어떻게 하여 예수를 죽일까 의논하니라"(막 3:6)

결국 예수님은 이스라엘의 왕이며 그리스도로서 여호와를 철저하게 잘 믿고 있다는 바리새인들과 대제사장들에 의해 십자가에 고난을 당하시고 죽으셨다가 사흘 만에 부활하셨던 것입니다.

"유다가 군대와 대제사장들과 바리새인들에게서 얻은 아랫사람들을 데리고 등과 횃불과 무기를 가지고 그리로 오는지라"(요 18:3)

예수님 당시의 바리새인들은 인간이 진리보다 종교에 빠질 때 일어날 수 있는 현상들을 고스란히 보여주었습니다. 오늘날 한국 교회도 많은 부분이 바리새인화되어 버렸고, 개혁되기는커녕 오히려 그 수렁에서 벗어나지 못한 채 사회의 지탄을 받는 입장이 되고 말았습니다. 그래서 우리는 바리새인들을 향한 예수님의 외침이 오늘날 우리 자신을 향하고 있음을 깊게 회개하고 반드시 돌이켜야 하겠습니다.

4. 예수님과 권력자들

- *예수님과 대제사장들*
- *예수님을 원수 삼은 대제사장들*
- *대제사장들에 대한 예수님의 마음*
- *예수님과 빌라도*
- *예수님과 헤롯 왕*
- *예수님과 로마 황제*

예수님 당시의 권력자들이라면 어떤 사람들이 있을까요? 권력에도 여러 가지 종류가 있는데 정치권력, 경제권력, 종교권력 등이 있을 수 있습니다. 여기에서 부자들로 대변되는 경제권력은 예수님과의 직접적인 관계가 아니므로 배제하고, 예수님 당시에 정치권력이라고 할 수 있는 사람들은 분봉왕 헤롯과 총독 빌라도와 직접적인 관련은 없지만 이스라엘을 지배하던 로마 황제(가이사)가 있습니다. 그리고 그들의 군병들이나 휘하의 사람들도 권력이라고 할 수 있을 것입니다. 이들은 정치, 외교, 군사적인 권력을 가진 사람들이었습니다.

하지만 사실 예수님과 직접적으로 부딪치고 비난하고 공격한 권력자들은, 비록 행정적인 요소를 배제할 수는 없지만, 한 마디로 종교권력자들이라고 할 수 있는데 이 종교권력자들이 이스라엘 산헤드린 공회입니다. 이 공회에서는 이스라엘 내의 종교, 정치, 행정적인 일들을 자체적으로 관장하고 있었습니다. 그런데 이 산헤드린 공회원들은 사두개인인 대제사장들과 바리새인인 서기관들과 이스라엘 열두 지파를 대표하는 백성의 장로들로 구성되어 있었습니다. 사실 예수님을 사형시키는 데 이들 모두가 긴밀하게 협력할 수 있었던 핵심적인 이유는 자기들의 기득권과 권력이 위협받고 있다는 의식이 작용한 것이라고 할 수 있습니다.

▸ 예수님과 대제사장들

우리는 앞에서 바리새인들과 예수님의 관계에 대해서 자세하게 다루었기 때문에 이 장에서는 바리새인들과 경쟁적인 관계에 있었던 대제사장들을 중심으로 종교권력과의 관계를 살펴보려고 합니다. 물론 여기에는 서기관(바리새인들이기는 하지만)들과 장로들까지 모두 포함해서 이야기하는 것임을 밝혀둡니다.

예수님은 베드로로부터 위대한 신앙고백을 들으신 후에 비로소 앞으로 그리스도로서 당하실 고난에 대해 제자들에게 말씀하기 시작하십니다. 이미 산헤드린 공회에 의해서 고난당하실 줄을 아셨습니다.

"이 때로부터 예수 그리스도께서 자기가 예루살렘에 올라가 장로들과 대제사장들과 서기관들에게 많은 고난을 받고 죽임을 당하고 제삼일에 살아나야 할 것을 제자들에게 비로소 나타내시니"(마 16:21)

사실 예수님께서 성전청결을 행하신 후에 시각장애인들과 지체장애인들을 고쳐주시자 대제사장들과 서기관들이 예수님께 노했다고 기록되어 있습니다.

"맹인과 저는 자들이 성전에서 예수께 나아오매 고쳐주시니 대제사장들과 서기관들이 예수께서 하시는 이상한 일과 또 성전에서 소리 질러 호산나 다윗의 자손이여 하는 어린이들을 보고 노하여 예수께 말하되 그들이 하는 말을 듣느냐 예수께서 이르시되 그렇다 어린 아기와 젖먹이들의 입에서 나오는 찬미를 온전하게 하셨나이다 함을 너희가 읽어본 일이 없느냐"(마 21:14-16)

대제사장들을 비롯한 공회원들은 예수님이 아주 못마땅했습니다. 예수님의 권위에 대해서 항의성 질문을 할 때에도 산헤드린 공회원들 곧 대제사장들과 서기관들과 장로들이 집단으로 나섭니다.

" … 예수께서 성전에서 거니실 때에 대제사장들과 서기관들과 장로들이 나아와 이르되 무슨 권위로 이런 일을 하느냐 누가 이런 일 할 권위를 주었느냐"(막 11:27-28)

하지만 예수님의 답변은 늘 그렇듯이 대제사장들의 핵심을 찌르는 질문으로 대신하십니다.

"예수께서 이르시되 나도 한 말을 너희에게 물으리니 대답하라 그리하면 나도 무슨 권위로 이런 일을 하는지 이르리라 요한의 세례가 하늘로부터냐 사람으로부터냐 내게

대답하라"(막 11:29-30)

대제사장들은 이런 질문에 대답할 수가 없습니다. 왜냐하면 그들은 하나님께 대한 믿음이 아니라 자신들의 안위만을 위하여 상황에 맞게 대답을 해야 하기 때문입니다.
"그들이 서로 의논하여 이르되 만일 하늘로부터라 하면 어찌하여 그를 믿지 아니하였느냐 할 것이니 그러면 사람으로부터라 할까 하였으나 모든 사람이 요한을 참 선지자로 여기므로 그들이 백성을 두려워하는지라"(막 11:331-32)

그들은 결국 아무 대답도 하지 못하였고, 예수님은 그들을 곤란하게 만드셨습니다.
"이에 예수께 대답하여 이르되 우리가 알지 못하노라 하니 예수께서 이르시되 나도 무슨 권위로 이런 일을 하는지 너희에게 이르지 아니하리라 하시니라"(막 11:27-33)

하지만 이런 일들이 반복되니까 마침내 대제사장들이 주동이 되어 가룟 유다를 이용하여 예수님을 체포하게 되는 것입니다.
"말씀하실 때에 열둘 중의 하나인 유다가 왔는데 대제사장들과 백성의 장로들에게서 파송된 큰 무리가 칼과 몽치를 가지고 그와 함께 하였더라"(마 26:47)

4. 예수님과 권력자들 · 171

대제사장들과 공회는 예수님을 체포한 후에 예수님의 죄목을 찾으려고 많은 애를 쓰게 됩니다.

"대제사장들과 온 공회가 예수를 죽이려고 그를 칠 거짓 증거를 찾으매 거짓 증인이 많이 왔으나 얻지 못하더니" (마 26:59-60)

그런데 대제사장들이 침묵하시는 예수님께 대하여 결정적인 질문을 합니다.

"예수께서 침묵하시거늘 대제사장이 이르되 내가 너로 살아 계신 하나님께 맹세하게 하노니 네가 하나님의 아들 그리스도인지 우리에게 말하라"(마 26:63)

예수님은 피하지 않고 자신이 하나님의 아들 그리스도임을 밝히십니다. 그리고 권능으로 임하실 때가 있을 것임을 말씀하십니다.

"예수께서 이르시되 네가 말하였느니라 그러나 내가 너희에게 이르노니 이 후에 인자가 권능의 우편에 앉아 있는 것과 하늘 구름을 타고 오는 것을 너희가 보리라 하시니" (마 26:64)

그리하여 대제사장들과 서기관들과 백성의 장로들로 구

성된 공회에서의 판결이 사형으로 선고되는 것입니다.

"이에 대제사장이 자기 옷을 찢으며 이르되 그가 신성모독 하는 말을 하였으니 어찌 더 증인을 요구하리요 보라 너희가 지금 이 신성모독 하는 말을 들었도다 너희 생각은 어떠하냐 대답하여 이르되 그는 사형에 해당하니라"(마 26:65-66)

▸ 예수님을 원수 삼은 대제사장들

복음서에는 예수님께서 대제사장들에 대해 직접적으로 비판하시는 말씀은 많지 않습니다. 포도원 농부의 비유 후에 예수님께서 대제사장들에 빗대어 말씀하시고 대제사장들은 그것이 자신들에 대한 이야기임을 알게 됩니다.

"그러므로 내가 너희에게 이르노니 하나님의 나라를 너희는 빼앗기고 그 나라의 열매 맺는 백성이 받으리라 이 돌 위에 떨어지는 자는 깨지겠고 이 돌이 사람 위에 떨어지면 그를 가루로 만들어 흩으리라 하시니 대제사장들과 바리새인들이 예수의 비유를 듣고 자기들을 가리켜 말씀하심인 줄 알고"(마 21:43-45)

그들은 이미 죽었다가 살아난 나사로마저도 해치려고 계획하게 됩니다. 왜냐하면 나사로가 살아남으로 말미암아 많은 사람들이 예수님을 믿게 되었기 때문입니다.

"유대인의 큰 무리가 예수께서 여기 계신 줄을 알고 오니 이는 예수만 보기 위함이 아니요 죽은 자 가운데서 살리신 나사로도 보려 함이라 대제사장들이 나사로까지 죽이려고 모의하니 나사로 때문에 많은 유대인이 가서 예수를 믿음이러라"(요 12:9-11)

결국 그들이 예수님을 십자가에 못 박고 조롱하는 장면이 나옵니다.

"그와 같이 대제사장들도 서기관들과 장로들과 함께 희롱하여 이르되 그가 남은 구원하였으되 자기는 구원할 수 없도다 그가 이스라엘의 왕이로다 지금 십자가에서 내려올지어다 그리하면 우리가 믿겠노라 그가 하나님을 신뢰하니 하나님이 원하시면 이제 그를 구원하실지라 그의 말이 나는 하나님의 아들이라 하였도다"(마 27:41-43)

예수님께서 부활하신 후에 무덤에서 시신이 없어지자 경비병들을 매수하여 예수님의 시신을 누가 훔쳐갔다고 말하게 만들기도 합니다.

"여자들이 갈 때 경비병 중 몇이 성에 들어가 모든 된 일을 대제사장들에게 알리니 그들이 장로들과 함께 모여 의논하고 군인들에게 돈을 많이 주며 이르되 너희는 말하기

를 그의 제자들이 밤에 와서 우리가 잘 때에 그를 도둑질 하여 갔다 하라"(마 28:11-13)

이렇게 세상의 시각으로 보면 대제사장들과 서기관들과 백성의 장로들 곧 산헤드린 공회는 예수님과 철저한 원수지간이었습니다. 원수도 그런 원수가 없습니다. 그들은 권력의 힘과 수적인 힘을 이용하여 저들의 정적을 제거한 것입니다. 권위를 따지고 안식일을 따지고 율법을 따졌지만 그것은 핑계에 불과하고 저들의 목적은 정치적인 반대세력을 제거하는 것이었습니다. 그들은 하나님 때문에 혹은 하나님을 위하여 싸운 것이 아니었습니다. 순수하게 정치적 목적 때문에 싸운 것이었습니다.

▸ 대제사장들에 대한 예수님의 마음

그러나 예수님은 오로지 하나님을 위하여 싸우셨습니다. 예수님은 오히려 제사장의 직책 자체는 인정하셨습니다. 제사장들 중에서 대제사장이 나오는 것인 만큼 모세에 의해 율법에서 제정된 대제사장직 자체를 비판한 것이 아니었습니다. 한 나병환자를 치유하시고 나서 제사장에게 가서 몸을 보이고 정해진 예물을 드려 나병치유를 입증하라고 지시하신 것입니다.

"예수께서 손을 내밀어 그에게 대시며 이르시되 내가 원하노니 깨끗함을 받으라 하시니 즉시 그의 나병이 깨끗하여진지라 예수께서 이르시되 삼가 아무에게도 이르지 말고 다만 가서 제사장에게 네 몸을 보이고 모세가 명한 예물을 드려 그들에게 입증하라 하시니라"(마 8:3-4)

다만 은유적으로 제사장들의 신앙을 빗대어 지적하신 적은 있습니다.
"예수께서 대답하여 이르시되 어떤 사람이 예루살렘에서 여리고로 내려가다가 강도를 만나매 강도들이 그 옷을 벗기고 때려 거의 죽은 것을 버리고 갔더라 마침 한 제사장이 그 길로 내려가다가 그를 보고 피하여 지나가고 또 이와 같이 한 레위인도 그 곳에 이르러 그를 보고 피하여 지나가되 어떤 사마리아 사람은 여행하는 중 거기 이르러 그를 보고 불쌍히 여겨"(눅 10:30-33)

예수님은 대제사장들에게 대항하지 않으셨습니다. 베드로가 대제사장의 종 말고를 칼로 쳐서 귀를 베어 떨어뜨렸을 때에도 베드로를 칭찬하신 것이 아니라 오히려 베드로를 크게 나무라셨습니다.
"이에 시몬 베드로가 칼을 가졌는데 그것을 빼어 대제사장의 종을 쳐서 오른편 귀를 베어버리니 그 종의 이름은

말고라"(요 18:10)

"이에 예수께서 이르시되 네 칼을 도로 칼집에 꽂으라 칼을 가지는 자는 다 칼로 망하느니라 너는 내가 내 아버지께 구하여 지금 열두 군단 더 되는 천사를 보내시게 할 수 없는 줄로 아느냐 내가 만일 그렇게 하면 이런 일이 있으리라 한 성경이 어떻게 이루어지겠느냐 하시더라"(마 26:52-54)

예수님은 대제사장들과 서기관들과 백성의 장로들에게 다른 어떤 것도 요구하지 않으셨습니다. 예수님은 다만 그들이 하나님을 율법적, 종교적인 틀 속에만 가두지 말고 하나님의 뜻, 하나님의 마음을 철저하게 깨닫고 여호와 신앙의 본질을 깨우쳐 이스라엘을 하나님의 나라로 만들어가기만을 원하셨던 것입니다. 왜냐하면 예수님의 나라는 이스라엘을 백성들이 살기 좋은 나라로 만들어나가는 그런 나라가 아니기 때문입니다. 대제사장을 비롯한 권력자들이 하나님 앞에 믿음으로 잘 세워지면 그들이 다스리는 나라는 자연스럽게 정의의 나라가 되는 것입니다.

"예수께서 대답하시되 내 나라는 이 세상에 속한 것이 아니니라 만일 내 나라가 이 세상에 속한 것이었더라면 내 종들이 싸워 나로 유대인들에게 넘겨지지 않게 하였으리라 이제 내 나라는 여기에 속한 것이 아니니라"(요 18:36)

이것이 권력자들을 향한 예수님의 태도였습니다. 예수님의 이런 태도는 이스라엘이 망하도록 방치하시는 것이 아니라 하나님께 올바른 신앙으로 바로 세워지도록 하시는 것입니다. 대제사장들이나 권력자들이 부정과 부패에 휘둘려 있거나 또는 정치적, 외교적 능력이 없어서가 아니라 하나님을 전혀 의식하지 않고 자신들의 육적인 욕심만 채우려고 했고 하나님을 외면했기 때문에 하나님께서 이스라엘이 망하는 것을 내버려두신 것입니다. 지도자들이 하나님 중심으로 돌아서지 않으면 무능 때문이 아니라 불신앙 때문에 국가가 망할 수 있는 것입니다. 예수님으로부터 핵심적인 신앙의 가치를 배우고 그것을 지키는 사람들이 바로 기독교인이라는 사실을 반드시 기억해야 할 것입니다.

▸ 예수님과 빌라도

대제사장들을 어떻게 대하셨는가에 대한 원리를 알았다면 또 다른 권력자들인 헤롯 왕이나 빌라도 총독에게도 당연히 동일한 태도를 가지셨을 것입니다. 물론 식민지를 다스리는 로마 황제에게도 동일한 잣대를 적용하셨을 것입니다. 우선 예수님과 빌라도의 관계를 살펴보면 예수님은 평소에 빌라도에 대해 전혀 관심을 기울이지 않으셨습니다. 그가 어디에서 무엇을 하는지, 국제 정세는 어떻게 돌아가는지, 어떤 정책을 이스라엘에 펼치고 있는지, 백성들을 억압하고 있지는 않은지 등에 대해서는 아예 관심조차 없었습니다.

그런데도 불구하고 예수님께서 빌라도와 대면하지 않을 수 없도록 만든 사람들이 대제사장들을 비롯한 산헤드린 공회였습니다. 왜냐하면 자기들이 스스로 예수님의 사형을 선고했지만 정작 자신들에게는 사형을 집행할 권한이 없었기 때문입니다. 빌라도의 법정에서 백성들이 예수를 사형시키고 죄수인 바라바는 살리라고 소리칩니다. 대제사장들과 장로들이 무리를 선동하여 소란을 일으키는 것입니다.

"대제사장들과 장로들이 무리를 권하여 바라바를 달라 하게 하고 예수를 죽이자 하게 하였더니 총독이 대답하여 이르되 둘 중의 누구를 너희에게 놓아주기를 원하느냐 이르되 바라바로소이다"(마 27:20-21)

사실 이런 상황은 총독 빌라도가 만든 것입니다. 빌라도는 속으로는 예수님께 죄가 없다는 사실을 알고 예수님을 석방하고 싶었습니다. 그래서 명절에 특별 사면하는 전례를 들어서 바라바라는 죄수를 내세워 바라바와 예수 중 한 사람을 석방하자고 제안했었고, 군중들이 당연히 죄 없는 예수를 석방하라고 할 줄 알았던 것입니다.

"명절이 되면 총독이 무리의 청원대로 죄수 한 사람을 놓아주는 전례가 있더니 그 때에 바라바라 하는 유명한 죄수가 있는데 그들이 모였을 때에 빌라도가 물어 이르되 너희는 내가 누구를 너희에게 놓아주기를 원하느냐 바라바냐 그리스도라 하는 예수냐 하니 이는 그가 그들의 시기로 예수를 넘겨 준 줄 앎이더라"(마 27:15-18)

빌라도는 결국 무리들의 소란을 이겨내지 못하고 마침내 예수님께 사형언도를 내리고 맙니다. 빌라도 역시 자신의 정치적 입장을 무시할 수 없었던 것입니다. 식민지에서 민중들의 소요가 일어나서 로마에까지 보고가 되는 것을 빌라도는 결코 원하지 않았던 것입니다.

"빌라도가 아무 성과도 없이 도리어 민란이 나려는 것을 보고 물을 가져다가 무리 앞에서 손을 씻으며 이르되 이 사람의 피에 대하여 나는 무죄하니 너희가 당하라 백성이 다 대답하여 이르되 그 피를 우리와 우리 자손에게 돌릴지어다 하거늘 이에 바라바는 그들에게 놓아주고 예수는 채찍질하고 십자가에 못 박히게 넘겨 주니라"(마 27:24-26)

그리하여 로마의 이스라엘 총독 빌라도는 예수님의 십자가 사형 판결의 마침표를 찍는 사람이 되고 맙니다. 그리고 오늘날까지 빌라도의 최종판결을 역사적인 사실로 받아들이도록 사도신경 가운데 넣게 되었던 것입니다. 엄밀한 의미에서 빌라도는 단지 예수님 십자가 고난의 조연에 불과했습니다. 예수님께서 빌라도를 공식적으로 비판하신 적도 없고 빌라도도 예수님의 소문만 들었을 뿐이고 오히려 예수님을 살리려고 애를 썼던 사람이었습니다. 그는 권력자의 자리에 있었지만 예수님의 권력자에 대한 태도와는 아무 관계없는 사람이었습니다. 그는 그저 자기 일을 할 뿐이었던 것입니다.

▸ 예수님과 헤롯 왕

그렇다면 당시 갈릴리 지역을 다스렸던 헤롯 왕과 예수님은 어떤 관계였을까요? 원래 헤롯은 예수님의 능력에 대한 소문을 듣고 처음에는 예수님을 두려워했습니다. 자기가 목 베어 죽인 세례 요한이 다시 살아 돌아왔다고 생각했던 것입니다.

"이에 예수의 이름이 드러난지라 헤롯 왕이 듣고 이르되 이는 세례 요한이 죽은 자 가운데서 살아났도다 그러므로 이런 능력이 그 속에서 일어나느니라 하고 어떤 이는 그가 엘리야라 하고 또 어떤 이는 그가 선지자니 옛 선지자 중의 하나와 같다 하되 헤롯은 듣고 이르되 내가 목 벤 요한 그가 살아났다 하더라"(막 14-16)

하지만 평소에 예수님은 헤롯에 대해서 제자들에게 경고하신 일이 있었습니다. 사실 헤롯은 부도덕하고 약삭빠른 사람으로서 달면 삼키고 쓰면 뱉는 전형적인 정치꾼이었습니다. 세례 요한이 헤롯을 여우라고 부르면서 헤롯이 자기 형수를 취한 일을 비판했습니다. 그래서 헤롯의 행동이나 생각을 버리라고 가르치셨던 것입니다.
"예수께서 경고하여 이르시되 삼가 바리새인들의 누룩과 헤롯의 누룩을 주의하라 하시니"(막 8:15)

그리하여 결국 헤롯이 예수님을 죽이기로 생각하기에 이르렀습니다. 물론 예수님은 헤롯 왕을 세례 요한처럼 여우라고 지칭하셨습니다.
"곧 그 때에 어떤 바리새인들이 나아와서 이르되 나가서 여기를 떠나소서 헤롯이 당신을 죽이고자 하나이다 이르시되 너희는 가서 저 여우에게 이르되 오늘과 내일은 내가 귀신을 쫓아내며 병을 고치다가 제삼일에는 완전하여지리라 하라"(눅 13:31-32)

그렇지만 헤롯은 예수님에 대해 강한 호기심을 가지고 있었습니다. 자기 앞에서 마술 같은 것을 보여주기를 원했던 것입니다. 하지만 예수님은 헤롯 같은 존재에 대해서는 전혀 관심을 보이지 않으셨습니다.

"빌라도가 듣고 그가 갈릴리 사람이냐 물어 헤롯의 관할에 속한 줄을 알고 헤롯에게 보내니 그 때에 헤롯이 예루살렘에 있더라 헤롯이 예수를 보고 매우 기뻐하니 이는 그의 소문을 들었으므로 보고자 한 지 오래였고 또한 무엇이나 이적 행하심을 볼까 바랐던 연고러라 여러 말로 물으나 아무 말도 대답하지 아니하시니"(눅 23:6-9)

헤롯은 지극히 무력해 보이는 예수님을 희롱하고 빛난 옷은 입혀 조롱하면서 빌라도에게 다시 보냈을 뿐입니다. 예수님의 사형언도에 끼고 싶지 않았던 것입니다.

"헤롯이 그 군인들과 함께 예수를 업신여기며 희롱하고 빛난 옷을 입혀 빌라도에게 도로 보내니 헤롯과 빌라도가 전에는 원수였으나 당일에 서로 친구가 되니라"(눅 23:11-12)

이처럼 예수님은 헤롯이 무슨 짓을 하든지 전혀 개의치 않으셨습니다. 그들은 어차피 자기 욕심을 따라 움직이는 사람들이기 때문에 그들의 진흙탕 싸움에 끼어들 필요가 없으셨던 것입니다. 그리고 그들은 하나님이 필요 없는 사

4. 예수님과 권력자들

람들이기 때문에 또 다른 헤롯이 다시 왕이 되어도 또 똑같은 역사만 되풀이될 것입니다. 그런 권력자들이 역사를 쥐고 흔드는 것 같지만 하나님의 구원의 역사는 하나님께서 개입하시는 것입니다. 빌라도와 예수님의 대화에서 명백하게 드러납니다.

"빌라도가 이르되 내게 말하지 아니하느냐 내가 너를 놓을 권한도 있고 십자가에 못 박을 권한도 있는 줄 알지 못하느냐 예수께서 대답하시되 위에서 주지 아니하셨더라면 나를 해할 권한이 없었으리니 그러므로 나를 네게 넘겨 준 자의 죄는 더 크다 하시니라"(요 19:10-11)

▸ 예수님과 로마 황제

그렇다면 동일한 결론이 로마의 황제에 대한 예수님의 시각에서 발견될 수 있을 것입니다. 비록 예수님께 올무를 놓기 위해 계획된 질문이었지만 예수님은 로마에 대해서도 전혀 관심이 없으셨습니다.

"그들이 예수의 말씀을 책잡으려 하여 바리새인과 헤롯당 중에서 사람을 보내매 와서 이르되 선생님이여 우리가 아노니 당신은 참되시고 아무도 꺼리는 일이 없으시니 이는 사람을 외모로 보지 않고 오직 진리로써 하나님의 도를 가르치심이니이다 가이사에게 세금을 바치는 것이 옳으니

이까 옳지 아니하니이까 … 이에 예수께서 이르시되 가이사의 것은 가이사에게, 하나님의 것은 하나님께 바치라 하시니 그들이 예수께 대하여 매우 놀랍게 여기더라"(막 12:13-14, 17)

물론 세금을 로마에 바치라고 했다고 해서 예수님을 로마의 다스림이나 식민제도에 찬성하는 친로마적인 분이라고 생각해서는 안 됩니다. 만약에 예수님께서 민족주의자라고 한다면 아마 예수님은 열심당원들을 제자들로 삼았어야 할 것입니다. 그들은 로마를 무력으로 무너뜨리려는 독립운동가들이었기 때문입니다. 그렇다고 정권이 무슨 짓을 하든지 그냥 내버려두신 것은 아니었습니다. 예수님의 제자들 중에 열심당원 시몬까지도 포용하셨으니까요. 그들의 주장을 담아내었다고 볼 수 있는 것입니다.

예수님은 권력자들에 대해 간섭 자체를 하지 않으셨습니다. 다만 그들의 율법적이고 종교적이며 위선적인 태도를 크게 나무라실 뿐이었습니다. 정치에 대해 완전 무관심을 뜻하는 것이 아니라 그들의 죄를 지적하고 하나님께로 돌아올 것을 촉구하는 예수님이셨습니다. 선택은 그들의 몫입니다. 죄를 지적하려면 상황을 정확하게 판단할 수 있어야 합니다. 그러므로 정치를 개혁하는 일보다 신앙을 회복하는 일이 우선되어야 하는 것입니다.

　권력자들에 대한 예수님의 태도는 하나님 나라의 일과 관련되었을 때에만 분명한 입장이 드러났습니다. 물론 민족의 운명이 어떻게 돌아가는지 무관심했다는 뜻은 아닙니다. 예루살렘이 멸망할 것을 내다보시고 예수님께서 얼마나 우셨습니까? 다만 예수님은 하나님과 백성들과의 관계성 속에서 민족을 바라보고 계셨던 것입니다. 나라의 앞날은 로마와의 관계가 아니라 하나님과의 관계 속에서만 회복될 수 있는 것입니다.

5. 예수님과 약자들

- *예수님과 가난한 사람들*
- *예수님과 세리들*
- *예수님과 죄인들*
- *예수님과 병든 사람들*

‣ 예수님과 가난한 사람들

　예수님께서 이 땅에 그리스도로 오신 목적 중의 하나는 가난한 사람들을 위한 일입니다. 그렇다면 가난한 사람들에게 필요한 것은 무엇일까요? 놀랍게도 예수님은 그것을 복음이라고 말씀하십니다. 신기하게도 가난한 사람들의 물질문제를 해결하려고 오신 것이 아니었습니다. 다만 그들에게 복음을 전파하기 위해 오셨던 것입니다.

　"주의 성령이 내게 임하셨으니 이는 가난한 자에게 복음을 전하게 하시려고 내게 기름을 부으시고 나를 보내사 포로 된 자에게 자유를, 눈 먼 자에게 다시 보게 함을 전파하며 눌린 자를 자유롭게 하고 주의 은혜의 해를 전파하게 하려 하심이라 하였더라"(눅 4:18-19)

　영생을 얻기 위해 예수님께 찾아왔던 부자 청년에게 말씀하신 가난한 사람들에게 소유를 나누어주라는 말씀도 가난한 사람에게 초점이 있는 것이 아니었습니다. 부자 청년이 영생을 얻기 위해서는 자신이 의지하던 모든 물질을 나누어주고 난 후에 빈손으로 예수님을 따르라는 데 초점이 있는 것입니다.

　"예수께서 이 말을 들으시고 이르시되 네게 아직도 한

가지 부족한 것이 있으니 네게 있는 것을 다 팔아 가난한 자들에게 나눠주라 그리하면 하늘에서 네게 보화가 있으리라 그리고 와서 나를 따르라 하시니"(눅 18:22)

그 말씀을 직접 행동으로 옮긴 사람이 부자이며 세리장인 삭개오였습니다. 삭개오가 회개하고 재산의 절반을 가난한 사람들에게 나누어주겠다는 믿음의 실천자가 되었던 것입니다.

"삭개오가 서서 주께 여짜오되 주여 보시옵소서 내 소유의 절반을 가난한 자들에게 주겠사오며 만일 누구의 것을 속여 빼앗은 일이 있으면 네 갑절이나 갚겠나이다"(눅 19:8)

그러면 가난한 사람들에게 왜 예수님이 필요하겠습니까? 예수님께서는 가난한 사람들의 편이 되어 부자들의 돈을 나누어주게 하시는 것이 목적이 아니었습니다. 오히려 가난한 사람들은 항상 있을 것이라고 말씀하심으로써 어떤 의미에서는 그 가난을 해결해주시는 데에는 관심이 없는 것처럼 보입니다.

"가난한 자들은 항상 너희와 함께 있으니 아무 때라도 원하는 대로 도울 수 있거니와 나는 너희와 항상 함께 있지 아니하리라"(막 14:7)

더 나아가서 예수님은 가난한 사람들에게 돈을 주지는 못하실지언정 오히려 가난한 과부가 동전 두 잎 헌금한 것을 크게 칭찬하기까지 하십니다. 그것은 그 과부의 생활비 전부였습니다.

"또 어떤 가난한 과부가 두 렙돈 넣는 것을 보시고 이르시되 내가 참으로 너희에게 말하노니 이 가난한 과부가 다른 모든 사람보다 많이 넣었도다 저들은 그 풍족한 중에서 헌금을 넣었거니와 이 과부는 그 가난한 중에서 자기가 가지고 있는 생활비 전부를 넣었느니라 하시니라"(눅 21:2-4)

그런데 예수님은 한술 더 떠서 오히려 가난한 사람이 복된 사람이라고까지 말씀하십니다. 그리고 그 이유를 가난한 사람들이 천국의 주인공이기 때문이라고 설명하십니다.

"예수께서 눈을 들어 제자들을 보시고 이르시되 너희 가난한 자는 복이 있나니 하나님의 나라가 너희 것임이요"(눅 6:20)

물론 여기에서 가난하다는 의미를 복합적으로 생각해볼 수 있는데 물질적으로 가난한 사람과 영적으로 가난한 사람을 동일선상에서 말씀하신다는 것입니다. 생활이 가난한 사람이 심령적으로 가난한 사람일 확률이 훨씬 높기 때문일 것입니다. 그렇다면 가난한 사람들에게 필요한 것은 물질이 아니라 복음이라고 말씀하신 예수님의 가르침이 이해가 되는 것입니다.

"심령이 가난한 자는 복이 있나니 천국이 그들의 것임이요"(마 5:3)

잔치를 베풀 때에 가난한 사람들을 청하라고 하신 말씀 중에도 가난한 사람에게 초점이 있는 것이 아니라 진실하고 순수한 마음으로 어려운 사람들을 도와주고 어떤 보상도 바라지 않는다면 하늘에서 상이 있다는 데에 초점이 있는 것입니다.

"잔치를 베풀거든 차라리 가난한 자들과 몸 불편한 자들과 저는 자들과 맹인들을 청하라 그리하면 그들이 갚을 것이 없으므로 네게 복이 되리니 이는 의인들의 부활 시에 네가 갚음을 받겠음이라 하시더라"(눅 14:13-14)

그러므로 가난한 사람들을 돕고 필요를 채워주시는 일은 당연하지만 예수님께서 그 가난을 해결해주기 위해 오신 것은 아니라는 것입니다. 오히려 가난한 삶을 더 권장하기까지 하시는 것입니다. 가난을 벗어나기 위해 구조적으로 체제를 바꾸려고 시도하신다거나 구체적인 빈민구제 사업을 벌이라고 하신 것이 아니었습니다. 예수님께서 가난한 사람들을 사랑하신 것은 틀림이 없지만 그들이 단지 가난하기 때문에 사랑하신 것은 아니었습니다. 가난한 사람들을 사랑하시는 것은 가난한 사람들에게 복음이 더 잘 전파될 수 있기 때문입니다. 예수님은 복음을 잘 받아들이는 심령을 사랑하십니다.

‣ 예수님과 세리들

세리는 로마에 바칠 세금을 직접 징수하는 당사자들이었습니다. 로마에서 관리하는 세무직원(이방인) 아래에서 이스라엘의 각 고을에 퍼져 세금을 거두어 바치는 사람들이 여기에서 논하는 세리들이었습니다. 이 세리들은 온갖 부정부패의 온상의 역할을 하였으며 로마 관리 등 이방인을 등에 업고 유대인에게서 혈세를 강제 징수할 뿐 아니라 주로 이방인들의 편에서 일했기 때문에 완전 매국노로 취급당했습니다. 더구나 그들은 수시로 이방인들과 접촉하기 때문에 부정한 사람들로 취급되어 죄수들이나 창녀들처럼 죄인으로 취급받았던 사람들이었습니다. 그래서 항상 세리라고 하면 죄인과 세리와 창녀 등으로 묶여서 불렸던 사람들이었습니다.

그런데 세리들에 대한 멸시는 일상적이었기 때문에 예수님께서도 세리들에 대한 시각을 부정하지는 않으셨습니다. 물론 예수님께서 세리라는 직업을 가진 사람들을 멸시하신 것은 결코 아니었지만 사람들을 쉽게 이해시키기 위해서 예를 들었던 것 같습니다. 원수라도 사랑해야 할 것을 말씀하시면서 세리들도 자기들끼리는 사랑한다고 하셨습니다.

"너희가 너희를 사랑하는 자를 사랑하면 무슨 상이 있으리요 세리도 이같이 아니하느냐"(마 5:46)

그리고 어떤 사람이 죄를 지었을 때 혼자 가서 권면하고, 안 되면 두세 사람이 함께 가고, 그래도 말을 안 들으면 교회에서 권면하게 하고, 그래도 안 들으면 세리와 같이 취급해도 된다는 말씀도 하셨습니다. 이 때는 이방인과 세리를 같이 취급하라고 하셨습니다.

"만일 그들의 말도 듣지 않거든 교회에 말하고 교회의 말도 듣지 않거든 이방인과 세리와 같이 여기라"(마 18:17)

하지만 예수님은 정작 이 세리들과 함께하시는 것을 조금도 개의치 않으셨습니다. 오히려 세리와 죄인과 같은 멸시받는 사람들과 어울리기를 좋아하셨습니다.
"그의 집에 앉아 잡수실 때에 많은 세리와 죄인들이 예수와 그의 제자들과 함께 앉았으니 이는 그러한 사람들이 많이 있어서 예수를 따름이러라 바리새인의 서기관들이 예수께서 죄인 및 세리들과 함께 잡수시는 것을 보고 그의 제자들에게 이르되 어찌하여 세리 및 죄인들과 함께 먹는가"(막 2:15-16)

그래서 바리새인들은 예수님을 비웃으며 공격했습니다. 그렇게 하나님의 나라를 가르치면서 왜 율법에서 금한 부정한 사람들과 어울리느냐는 것이었습니다.
"인자는 와서 먹고 마시매 너희 말이 보라 먹기를 탐하고 포도주를 즐기는 사람이요 세리와 죄인의 친구로다 하니"(눅 7:34)

하지만 예수님은 한 술 더 떠서 아예 세리를 제자로 삼아버리십니다.
"그 후에 예수께서 나가사 레위라 하는 세리가 세관에 앉아 있는 것을 보시고 나를 따르라 하시니 그가 모든 것을 버리고 일어나 따르니라"(눅 5:27-28)

어떻게 세관에 앉아있는 세리 마태(레위)에게 나를 따

르라고 하셨는데 그 자리에서 예수님을 따를 수 있었을까요? 아마도 세례 요한이 요단강에서 세례를 베풀 때에 와서 세례를 받았던 사람 중의 한 사람이 아니었을까 합니다.

"모든 백성과 세리들은 이미 요한의 세례를 받은지라 이 말씀을 듣고 하나님을 의롭다 하되 바리새인과 율법 교사들은 그의 세례를 받지 아니함으로 그들 자신을 위한 하나님의 뜻을 저버리니라"(눅 7:29-30)

그러면 왜 예수님은 유대인들이 그토록 싫어하는 세리를 가깝게 두시고 제자 중의 한 사람으로까지 삼으셨던 것일까요? 예수님께서 가장 확실하게 그 이유를 말씀하신 적이 있습니다. 포도원 비유에서 큰아들은 일하러 가겠다고 하고는 가지 않았고 작은 아들은 안 가겠다고 하고 나중에 뉘우치고 일하러 갔습니다. 당연히 작은 아들이 아버지의 뜻대로 일한 사람입니다. 여기에서 예수님은 바리새인들을 큰아들로, 세리나 창녀들을 작은 아들로 비유하셨던 것입니다.

"그 둘 중의 누가 아버지의 뜻대로 하였느냐 이르되 둘째 아들이니이다 예수께서 그들에게 이르시되 내가 진실로 너희에게 이르노니 세리들과 창녀들이 너희보다 먼저 하나님의 나라에 들어가리라 요한이 의의 도로 너희에게

왔거늘 너희는 그를 믿지 아니하였으되 세리와 창녀는 믿었으며 너희는 이것을 보고도 끝내 뉘우쳐 믿지 아니하였도다"(마 21:31-32)

또 한 가지 비유에서 예수님은 바리새인과 세리의 기도의 모습을 설명하고 있습니다. 바리새인은 스스로 의로운 사람이고 세리는 죄인의식으로 가득한 사람입니다. 하나님은 자신을 낮추고 드리는 기도를 더 의롭게 받으시는 것입니다.

"두 사람이 기도하러 성전에 올라가니 하나는 바리새인이요 하나는 세리라 바리새인은 서서 따로 기도하여 이르되 하나님이여 나는 다른 사람들 곧 토색, 불의, 간음을 하는 자들과 같지 아니하고 이 세리와도 같지 아니함을 감사하나이다 … 세리는 멀리 서서 감히 눈을 들어 하늘을 쳐다보지도 못하고 다만 가슴을 치며 이르되 하나님이여 불쌍히 여기소서 나는 죄인이로소이다 하였느니라 내가 너희에게 이르노니 이에 저 바리새인이 아니고 이 사람이 의롭다 하심을 받고 그의 집으로 내려갔느니라 무릇 자기를 높이는 자는 낮아지고 자기를 낮추는 자는 높아지리라 하시니라"(눅 18:10-11, 13-14)

예수님께서 세리와 죄인들과 더 가까운 이유는 분명합

니다. 예수님은 처음부터 끝까지 사람의 심령상태를 보신다는 것입니다. 바리새인이라도 심령이 가난하고 낮추어져 있으면 그 사람은 의로운 사람이 될 수 있습니다. 하지만 세리라도 스스로 마음이 높아져 있다면 그 사람은 하나님의 부르심을 받을 수 없습니다. 이런 심령상태를 예수님께서 받아주시니까 세리들과 죄인들이 예수님을 찾아오는 것입니다.

"모든 세리와 죄인들이 말씀을 들으러 가까이 나아오니 바리새인과 서기관들이 수군거려 이르되 이 사람이 죄인을 영접하고 음식을 같이 먹는다 하더라"(눅 15:1-2)

결국 크게 회개하고 자기 재산을 가난한 사람들에게 나누어준 사람은 율법을 잘 지키고 열심히 신앙생활 하던 부자청년이 아니라 세리인 삭개오였던 것입니다.

"삭개오라 이름하는 자가 있으니 세리장이요 또한 부자라"(눅 19:2)

이렇게 예수님께서 소외된 계층과 가까이 하시는 이유는 명백해집니다. 가난한 사람이나 부자라도 멸시받는 세리와 같은 사람들은 대개 심령이 낮아진 사람들이기 때문에 하나님과 훨씬 가까울 수 있다는 것입니다. 세리이기 때문이라거나 가난한 사람이라서가 아니라 예수님은 오로지 심령상태를 보신다는 사실을 알아야 하겠습니다. 그러니까 예수님을 잘 믿는 사람일지라도 심령의 부유하여 스스로 의롭다거나 남보다 낫다고 생각한다면 그 사람은 사실은 하나님과 멀어진 사람인 것입니다.

▸ 예수님과 죄인들

예수님께서 죄인을 어떻게 대하셨을까에 대한 개념은 한 마디로 회개입니다. 예수님께서 죄인들과 가까이 지내시고 함께 음식을 먹고 한 집에서 잠을 주무시는 가장 핵심적인 목적이 바로 회개인 것입니다. 예수님께서 죄인을 좋아하시거나 죄를 용납하시는 것이 아닙니다. 바리새인들이 예수님을 세리와 죄인들의 친구라고 조롱하자 예수님은 이렇게 대답하십니다.

"예수께서 들으시고 그들에게 이르시되 건강한 자에게는 의사가 쓸 데 없고 병든 자에게라야 쓸 데 있느니라 나는 의인을 부르러 온 것이 아니요 죄인을 부르러 왔노라 하시니라"(막 2:17)

한편 죄인이라는 표현에 대해서는 몇 가지 본질상 다른 의미가 있을 수 있습니다. 물론 여기에서 죄인이란 1차적으로 세리를 비롯하여 창녀, 범법자, 율법에서 부정한 자로 정해진 자, 신앙생활이 엉망인 자까지 모두 포함하는 말이라고 할 수 있습니다. 그런 의미에서 바리새인들은 예수님을 세리와 죄인들의 친구라고 조롱하는 것입니다.

그런데 예수님의 말씀 중의 죄인은 바리새인들이 지칭한 죄인이라는 의미뿐 아니라 스스로를 죄인이라고 생각하는 모든 사람을 뜻한다고 볼 수 있습니다. 그러니까 의인이란 스스로 의인이라고 여기는 바리새인들이고 죄인이란 세상에서나 스스로 생각하기에 죄 있는 사람으로 여기는 세리와 같은 사람들을 뜻한다는 것입니다.
"내가 의인을 부르러 온 것이 아니요 죄인을 불러 회개시키러 왔노라"(눅 5:32)

이런 의미로 죄인이라는 말을 사용한 사람이 바로 베드로였습니다. 밤새 고기를 한 마리도 못 잡고 새벽에 그물을 씻고 있는데 예수님께서 오셔서 말씀을 전하시고 나서 깊은 데로 그물을 내려 고기를 잡으라고 하셨고, 그 말씀에 순종했을 때 그물이 찢어질 정도로 물고기가 많이 잡혔습니다. 베드로의 고백은 그 직후에 일어난 장면입니다. 물론 베드로가 말한 '죄인'이라는 의미는 회개하고 죄 사함 받아 구원받아야 할 사람의 죄성을 뜻하는 것입니다.
"시몬 베드로가 이를 보고 예수의 무릎 아래에 엎드려

이르되 주여 나를 떠나소서 나는 죄인이로소이다 하니"(눅 5:8)

한편 예수님께서 비유로 드신 바리새인과 세리의 기도에서 세리가 말한 '죄인'이라는 말도 세리와 같은 '죄인'이라는 범주에 대한 말임과 동시에 죄성에 관한 지칭인 '죄인'을 함께 사용하고 있다고 볼 수 있습니다.

"세리는 멀리 서서 감히 눈을 들어 하늘을 쳐다보지도 못하고 다만 가슴을 치며 이르되 하나님이여 불쌍히 여기소서 나는 죄인이로소이다 하였느니라"(눅 18:13)

잃어버린 한 마리의 양을 찾아 헤매는 목자의 비유에서도 예수님은 결론적으로 죄성을 가진 죄인의 개념으로 말씀하셨습니다.

"내가 너희에게 이르노니 이와 같이 죄인 한 사람이 회개하면 하늘에서는 회개할 것 없는 의인 아흔아홉으로 말미암아 기뻐하는 것보다 더하리라"(눅 15:7)

이렇게 볼 때 예수님께서 죄인들의 친구인 까닭은 그 당시 일반적인 의미의 죄인들은 스스로를 하나님 앞에 죄인이라는 의식을 가질 수 있는 사람들이기 때문이었던 것입니다. 하나님은 속성상 죄와 함께 거하지 못하시는 분이심에도 예수님께서 죄인들과 함께 하시는 이유가 바로 회개에 다 합당한 사람들이기 때문인 것입니다. 많은 경우에 죄인들이라고 불리는 사람들의 심령은 기본적으로 상처가 많고 아픔을 겪은 사람들일 가능성이 더 크기 때문인 것입니다.

▸ 예수님과 병든 사람들

  예수님께서 상대하시는 사람들 중에 가장 많은 사람들은 아마도 질병에 걸린 사람들이나 장애를 가진 사람들일 것입니다. 예수님께서 귀신들린 사람들이나 병든 사람들이 찾아오면 빠짐없이 치유해 주셨습니다. 소문은 꼬리를 물고 이어져서 수많은 환자들과 귀신들린 사람들과 장애를 가진 사람들이 끝도 없이 몰려들었습니다. 그럼에도 예수님은 고치시고 치유하시는 일을 이 땅에 오신 목적 중의 중요한 부분으로 알고 행하셨던 것입니다.

  세례 요한이 옥중에서 예수님께 대한 의구심이 생겨 제자들을 보내서 오실 그리스도가 정말 당신이십니까 하고 질문을 했을 때 예수님의 대답에서 그 목적을 살필 수 있습니다. 환자들과 장애를 가진 사람을 치유하려고 오신 것을 분명하게 말씀하신 것입니다.

"맹인이 보며 못 걷는 사람이 걸으며 나병환자가 깨끗함을 받으며 못 듣는 자가 들으며 죽은 자가 살아나며 가난한 자에게 복음이 전파된다 하라"(마 11:5)

하지만 가만히 생각해보면 못 고칠 질병에 걸린 사람을 깨끗하게 낫게 하셔도 그 사람은 언제인가 또 죽게 되어 있습니다. 심지어 죽은 사람을 살려내셔도 그 살아난 사람은 또 언제인가는 죽게 되어 있습니다. 그렇다면 예수님은 왜 이런 소모적인 치유사역을 반복하신 것일까요? 어차피 죽을 사람들인데 말입니다. 여기에서 구원이라는 단어가 등장하는 것입니다. 하지만 성경에서 사용되는 구원이라는 단어가 오늘날 우리가 말하는 영혼구원, 영생을 그대로 뜻하는 것은 아닐 수 있습니다.

성경에서는 일반적으로 위기나 질병에서 벗어나는 것을 구원이라고 말하는 경우가 대부분입니다. 풍랑을 만나 배가 깨질 지경이 되었을 때에나 열두 해나 혈루증을 앓던 여인이 예수님 옷자락에 손을 댄 경우는 전부 위기나 질병에서 놓여나는 것을 뜻하는 것입니다.
"그 제자들이 나아와 깨우며 이르되 주여 구원하소서 우리가 죽겠나이다"(마 8:25)
"예수의 소문을 듣고 무리 가운데 끼어 뒤로 와서 그의

옷에 손을 대니 이는 내가 그의 옷에만 손을 대어도 구원을 받으리라 생각함일러라"(막 5:27-28)

물론 예수님은 위기에서 구원하시는 차원을 넘어 죄인을 불러 회개시키고 세상을 죄에서 구원하러 오셨습니다.
"아들을 낳으리니 이름을 예수라 하라 이는 그가 자기 백성을 그들의 죄에서 구원할 자이심이라 하니라"(마 1:21)
"하나님이 그 아들을 세상에 보내신 것은 세상을 심판하려 하심이 아니요 그로 말미암아 세상이 구원을 받게 하려 하심이라"(요 3:17)

그런데 예수님께서 질병을 고쳐주시면서 덧붙이는 말씀이 있습니다. 네 믿음이 너를 구원하였다는 말씀입니다.
"예수께서 돌이켜 그를 보시며 이르시되 딸아 안심하라 네 믿음이 너를 구원하였다 하시니 여자가 그 즉시 구원을 받으니라"(마 9:22)
"예수께서 이르시되 가라 네 믿음이 너를 구원하였느니라 하시니 그가 곧 보게 되어 예수를 길에서 따르니라"(막 10:52)

여기에서 '믿음으로'라는 말은 하나님과의 관계상에서

언급될 수 있는 영적인 용어라는 사실을 알아야 합니다. 믿음이 없으면 질병을 고칠 수가 없습니다. 비록 예수님의 능력으로 질병에서 구원받았지만 거기에 하나님께 대한 믿음이 개입된 것이기 때문에 믿음으로 인한 질병에서의 구원은 죄에서의 구원과 동일한 범주에 넣을 수 있는 것입니다.

이상과 같이 소외된 계층에 대한 예수님의 태도는 반드시 회개로 말미암는 죄에서의 구원과 깊은 관련이 있다는 사실을 깊이 생각해야 합니다. 가난한 사람들이든 세리나 죄인들이든 아니면 질병이나 장애를 가진 사람이나 옥에 갇힌 사람이나 포로가 된 사람들이나 고아와 과부나 전부 회개에 대한 상황 때문에 예수님께서 관심을 가지시는 것입니다. 무조건 가난한 사람들이기 때문에 그들의 편이 되라는 말씀이 아니라 회개시켜 구원받게 하기 위해 그들과 가까이 할 수 있어야 한다는 말씀인 것입니다.

제 3 부

사람들은 예수님을 어떻게 대했을까?

I. 예수님을 사랑한 사람들

- 사도 베드로
- 사도 요한
- 막달라 마리아
- 아리마대 요셉

예수님께서 각양각색의 사람들을 어떻게 바라보고 계시고 어떤 태도를 가지셨는가에 대해서 살펴보았습니다. 그것은 사람들에 대한 예수님의 마음입니다. 그렇다면 그 각양각색의 사람들은 예수님을 어떻게 바라보고 어떤 태도를 지녔을까요? 물론 예수님의 마음을 살펴보면서 어느 정도 그 윤곽이 드러나기는 했습니다만, 사람을 향하신 예수님의 사랑은 당연한 것이고 예수님께 대한 사람의 태도는 그저 고려할 정도라고 생각하기 쉬운 것이 사람의 마음일 것입니다. 하지만 예수님의 사랑은 예수님을 사랑하는 사람들에게 내려진다는 사실을 우리는 알아야 하겠습니다.

▸ 사도 베드로

예수님을 진정으로 사랑한 사람들이 성경에 다수 기록되어 있습니다만, 그 중에서 대표적인 사람을 꼽으라면 단연 베드로가 될 것입니다. 베드로는 진심으로 예수님을 사랑하고 있었고 예수님도 베드로가 얼마나 예수님을 사랑하는지를 잘 알고 계셨습니다. 부활하신 예수님과 베드로의 대화에서 그 사실을 알 수 있습니다.

"세 번째 이르시되 요한의 아들 시몬아 네가 나를 사랑하느냐 하시니 주께서 세 번째 네가 나를 사랑하느냐 하시므로 베드로가 근심하여 이르되 주님 모든 것을 아시오매

내가 주님을 사랑하는 줄을 주님께서 아시나이다 예수께서 이르시되 내 양을 먹이라"(요 21:17)

  그런데 희한한 일은 베드로가 그토록 사랑하는 예수님을 보기 좋게 배반해버렸다는 것입니다. 그렇게 사랑한다면 언제 어디서 누구 앞에서든지 베드로는 예수님을 결코 부인할 수가 없습니다. 그렇게 부인하는 사람은 말로만 예수님을 사랑한다고 한 것이든지 아니면 뭔가 이익이 있을 때는 사랑한다고 하고 자기가 불리해질 때 자기 혼자서라도 살려고 모른 척하는 사람임에 틀림이 없을 것입니다. 그렇다면 베드로는 후자에 속할 것입니다.
  "그가 저주하며 맹세하여 이르되 나는 그 사람을 알지 못하노라 하니 곧 닭이 울더라 이에 베드로가 예수의 말씀에 닭 울기 전에 네가 세 번 나를 부인하리라 하심이 생각나서 밖에 나가서 심히 통곡하니라"(마 26:74-75)

  베드로는 정말 예수님을 사랑한 사람이었습니다. 자신이 예수님을 그토록 사랑하는데 자기가 예수님을 부인할 리가 없지 않겠습니까? 그래서 베드로는 예수님께서 자기가 세 번씩이나 주님을 부인할 것이라고 말씀하시자 다른 사람은 혹시 몰라도 자기만은 절대 그럴 리가 없다고 큰소리치는 것입니다.

"베드로가 대답하여 이르되 모두 주를 버릴지라도 나는 결코 버리지 않겠나이다 예수께서 이르시되 내가 진실로 네게 이르노니 오늘 밤 닭 울기 전에 네가 세 번 나를 부인하리라 베드로가 이르되 내가 주와 함께 죽을지언정 주를 부인하지 않겠나이다 하고 모든 제자도 그와 같이 말하니라"(마 26:33-35)

우리는 베드로에게서 중요한 신앙의 원리를 발견할 수 있습니다. 신앙인은 신앙전통을 지키거나 말씀을 순종하기 위해 애쓰거나 충성스럽게 봉사하기 이전에 예수님을 사랑해야 한다는 것입니다. 사랑하면서도 예수님을 모르는 사람이라고 부인할 수는 있지만 남다른 열정으로 헌신과 봉사를 한다고 해도 예수님을 사랑하지 않는 사람일 수도 있는 것입니다. 물론 열심히 섬기고 나누는 삶을 살지 말라는 이야기는 결코 아닙니다. 다만 예수님께 대한 사랑이 빠진 섬김과 나눔은 별 의미가 없을 수 있다는 것입니다.

우리는 흔히 예수님을 팔아먹은 가룟 유다와 베드로를 비교하면서 가룟 유다는 후회는 했지만 회개를 하지 못해 결국 자살해버렸고 베드로는 회개를 했기 때문에 후에 사도로 귀하게 쓰임 받았다고 이야기합니다. 하지만 그 속에 숨어있는 사랑 이야기는 하지 않습니다. 가룟 유다와 베드로의 차이는 후회와 회개의 차이이기도 하지만 그것보다 먼저 사랑하느냐 사랑하지 않느냐의 차이인 것입니다. 기독교 신앙은 하나님 사랑입니다. 우리를 향한 하나님의 사랑이기도 하지만 하나님을 향한 우리의 사랑이어야 하는 것이기도 합니다. 그래서 베드로에게는 사랑보다 더 중요한 것이 없었던 것입니다. 그래서 베드로는 이렇게 고백합니다.

"무엇보다도 뜨겁게 서로 사랑할지니 사랑은 허다한 죄를 덮느니라"(벧전 4:8)

▸ 사도 요한

요한이 예수님을 얼마나 사랑했는지에 대한 기록은 복음서에서는 찾아보기 힘듭니다. 요한도 물론 베드로처럼 예수님을 사랑했을 것입니다. 콕 짚어서 기록된 것은 아니었지만 가룟 유다를 제외한 모든 제자들도 전부 예수님을 사랑했을 것입니다. 다만 그 사랑을 실체적으로 드러낼 수 있는 기록이 없을 뿐일 것입니다. 하지만 사도 요한에게서 우리는 그 사랑의 실체를 발견할 수 있습니다. 요한이 예수님을 얼마나 사랑했는가에 대한 기록 말입니다.

요한은 늘 자기를 표현할 때 '주께서 사랑하시는 제자'라는 말을 사용했습니다. 자기가 예수님으로부터 얼마나 큰 사랑과 은혜를 입었는가를 표현하려고 했을 것입니다. 그런데 요한 자신이 예수님을 정말로 사랑할 수밖에 없는 사건이 일어납니다. 그 사건은 물론 예수님의 십자가 사건입니다만, 예수님을 향한 요한의 사랑은 십자가 아래에서 일어납니다. 그것은 예수님의 어머니 마리아를 요한에게 맡기시는 장면입니다.

"예수의 십자가 곁에는 그 어머니와 이모와 글로바의 아내 마리아와 막달라 마리아가 섰는지라 예수께서 자기의 어머니와 사랑하시는 제자가 곁에 서 있는 것을 보시고 자기 어머니께 말씀하시되 여자여 보소서 아들이니이다 하시고 또 그 제자에게 이르시되 보라 네 어머니라 하신대 그 때부터 그 제자가 자기 집에 모시니라"(요 19:25-27)

예수님의 십자가 아래에는 모두 다섯 사람이 있었습니다. 예수님의 어머니 마리아, 막달라 마리아, 글로바의 아내 마리아, 그리고 요한 자신과 예수님의 이모이면서 요한의 친어머니 살로메였습니다. 예수님은 요한의 어머니 살로메가 그 곁에 있었음에도 요한에게 어머니 마리아를 맡기셨던 것입니다. 요한은 예수님을 사랑하여 모든 제자들이 다 흩어졌는데도 불구하고 자기만은 십자가에 달리신 예수님의 발 아래에 서 있었습니다. 그런데 예수님께서 예수님의 어머니를 요한 자신에게 맡기신 것입니다. 예수님의 친동생들도 여럿 있었는데 말입니다.

 여기에서 추정해볼 수 있는 것은 예수님을 사랑하는 방식이 베드로와 차이가 난다는 것입니다. 요한과 십자가 아래 서 있던 사람들은 예수님의 부활 같은 것은 아직 모릅니다. 예수님은 이제 영원한 나라로 떠나버리시는 것입니다. 이제는 예수님을 사랑하고 싶어도 더 사랑할 수 없습니다. 그런데 예수님께서 예수님을 계속해서 사랑할 수 있는 길을 열어주신 것입니다. 그것은 예수님의 어머니를 섬기는 것입니다. 그런데 여기에서 요한은 예수님께서 하셨던 말씀을 기억했을 것이라고 생각합니다. 그것은 예수님의 어머니에 대한 개념입니다.
"한 사람이 예수께 여짜오되 보소서 당신의 어머니와 동생들이 당신께 말하려고 밖에 서 있나이다 하니 말하던 사람에게 대답하여 이르시되 누가 내 어머니이며 내 동생들이냐 하시고 손을 내밀어 제자들을 가리켜 이르시되 나의 어머니와 나의 동생들을 보라 누구든지 하늘에 계신 내 아버지의 뜻대로 하는 자가 내 형제요 자매요 어머니이니라 하시더라"(마 12:47-50)

예수님께서 그 어머니를 맡기실 때 요한의 머리에는 이전에 하셨던 그 말씀이 떠올랐을 것입니다. 예수님의 어머니를 섬기며 사랑하는 것이 바로 예수님을 사랑하는 것입니다. 그리고 그 어머니는 바로 주님의 뜻대로 행하는 모든 사람을 뜻하는 것입니다. 예수님을 향한 사도 요한의 사랑은 예수님을 사랑하는 것처럼 예수님의 어머니를 사랑하는 것이고, 더 나아가 예수님의 어머니처럼 하나님의 자녀 된 넓은 뜻의 어머니들을 사랑하는 것입니다. 그래서 사도 요한은 그의 편지에서 서로 사랑하는 것, 곧 예수님의 어머니를 사랑하는 것이 바로 하나님을 사랑하는 것이라고 강조하여 말씀했던 것입니다.

"사랑하는 자들아 하나님이 이같이 우리를 사랑하셨은즉 우리도 서로 사랑하는 것이 마땅하도다 어느 때나 하나님을 본 사람이 없으되 만일 우리가 서로 사랑하면 하나님이 우리 안에 거하시고 그의 사랑이 우리 안에 온전히 이루어지느니라"(요일 4:11-12)

예수님을 사랑하는 방법은 예수님께서 우리를 위하여 목숨을 버리신 것같이 우리도 형제를 위하여 목숨을 버리는 것이라는 말씀입니다. 예수님을 사랑하고 싶으면 형제를 사랑하면 되는 것입니다. 이것이 예수님을 향한 사도 요한의 사랑인 것입니다.

"그가 우리를 위하여 목숨을 버리셨으니 우리가 이로써 사랑을 알고 우리도 형제들을 위하여 목숨을 버리는 것이 마땅하니라"(요일 3:16)

▸ 막달라 마리아

우리는 막달라 마리아라는 여성의 예수님 사랑을 눈여겨 보아야 합니다. 막달라 마리아의 예수님 사랑은 예수님께서 부활하신 이후에 가장 먼저 그녀에게 보이셨다는 데에서 증거를 찾을 수 있습니다.

"예수께서 안식 후 첫날 이른 아침에 살아나신 후 전에 일곱 귀신을 쫓아내어 주신 막달라 마리아에게 먼저 보이시니"(막 16:9)

왜 예수님은 베드로를 비롯한 모든 제자들을 제쳐두고 막달라 마리아에게 먼저 나타나셨을까요? 그것은 두 가지로 볼 수 있는데 하나는 믿음이고 다른 하나는 사랑입니다. 베드로를 비롯하여 제자들에게는 예수님의 부활에 대한 믿음이 없었습니다. 그들은 예수님의 부활 소식을 듣고도 믿지 못했습니다.

"그들은 예수께서 살아나셨다는 것과 마리아에게 보이셨다는 것을 듣고도 믿지 아니하니라"(막 16:11)

그들은 심지어 엠마오로 가다가 예수님을 만난 두 사람의 말도 믿지 못했습니다.

"그 후에 그들 중 두 사람이 걸어서 시골로 갈 때에 예수께서 다른 모양으로 그들에게 나타나시니 두 사람이 가서 남은 제자들에게 알리었으되 역시 믿지 아니하니라"(막 16:12-13)

그래서 후에 예수님으로부터 꾸지람을 듣게 됩니다.
"그 후에 열한 제자가 음식 먹을 때에 예수께서 그들에게 나타나사 그들의 믿음 없는 것과 마음이 완악한 것을 꾸짖으시니 이는 자기가 살아난 것을 본 자들의 말을 믿지 아니함일러라"(막 16:14)

왜 예수님을 그토록 사랑하는 베드로와 요한이 믿지 못했던 것일까요? 사랑과 믿음은 별개의 것인가요? 여기에서 우리는 예수님을 향한 여성들의 사랑을 엿볼 수 있습니다. 똑같이 예수님을 사랑한 것은 맞지만 베드로와 요한이 예수님을 사랑하는 방식과 막달라 마리아가 사랑하는 방식은 달랐던 것입니다. 막달라 마리아가 예수님을 사랑하는 방식은 예수님이 운명하시고 무덤에 묻힐 때 전후를 살펴보면 잘 나타납니다.

"요셉이 시체를 가져다가 깨끗한 세마포로 싸서 바위 속에 판 자기 새 무덤에 넣어 두고 큰 돌을 굴려 무덤 문에 놓고 가니 거기 막달라 마리아와 다른 마리아가 무덤을 향하여 앉았더라"(마 27:59-61)

그리고 막달라 마리아와 다른 여자들이 예수님의 시신에 바를 향품과 향유를 미리 사게 됩니다.
"안식일이 지나매 막달라 마리아와 야고보의 어머니 마리아와 또 살로메가 가서 예수께 바르기 위하여 향품을 사다 두었다가"(막 16:1)

그리고 나서 아직 어두울 때에 막달라 마리아가 가장 먼저 예수님의 무덤으로 오게 되고 무덤이 열린 것을 보고 제자들에게 달려가게 되는 것입니다.
"안식 후 첫날 일찍이 아직 어두울 때에 막달라 마리아가 무덤에 와서 돌이 무덤에서 옮겨진 것을 보고"(요 20:1)

막달라 마리아를 비롯한 여자들은 예수님을 사랑하기에 무조건 믿는 믿음이었습니다. 물론 믿음과 사랑은 동의어가 아닙니다. 그리고 믿음의 전제가 사랑도 아니고 사랑의 전제가 믿음도 아닙니다. 하지만 그렇기 때문에 막달라 마리아의 사랑이 귀한 것입니다. 막달라 마리아에게 있어서 사랑하는 것은 곧 믿는 것이고 믿는 것은 곧 사랑하는 것이었습니다. 이것이 예수님을 향한 마리아의 사랑입니다. 마리아는 이후로도 너무 슬퍼서 무덤 밖에서 울다가 무덤 안으로 들어갔으며, 결국 부활하신 예수님과 대화를 나누게까지 되는 것입니다.

"예수께서 마리아야 하시거늘 마리아가 돌이켜 히브리말로 랍오니 하니 (이는 선생님이라는 말이라) 예수께서 이르시되 나를 붙들지 말라 내가 아직 아버지께로 올라가지 아니하였노라 너는 내 형제들에게 가서 이르되 내가 내 아버지 곧 너희 아버지, 내 하나님 곧 너희 하나님께로 올라간다 하라 하시니"(요 20:16-17)

‣ 아리마대 요셉

예수님을 사랑한 사람들 중에서 다소 의아하게 여겨질 수도 있는 사람이 아리마대 사람 요셉입니다. 성경은 이 아리마대 요셉을 예수님의 제자라고 설명하고 있습니다. 하지만 요셉은 자신이 예수님의 제자라는 사실을 숨기고 있었습니다. 그는 유대인들이 두려워서 드러내놓고 예수님을 추종하지 못했던 것입니다.

"저물었을 때에 아리마대의 부자 요셉이라 하는 사람이 왔으니 그도 예수의 제자라"(마 27:57)

"아리마대 사람 요셉은 예수의 제자이나 유대인이 두려워 그것을 숨기더니"(요 19:38)

사실 그는 부자였고 예수님을 죽이기로 결의했던 공회 회원이었습니다. 그래서 예수님의 사형판결에 찬성하지 않았었고 또한 하나님의 나라를 기다리는 사람이었습니다.
"공회 의원으로 선하고 의로운 요셉이라 하는 사람이 있으니 (그들의 결의와 행사에 찬성하지 아니한 자라) 그는 유대인의 동네 아리마대 사람이요 하나님의 나라를 기다리는 자라"(눅 23:50-51)

이 아리마대 요셉은 진정한 신앙인일 수 있을까요? 베드로를 비롯한 다른 제자들만큼은 믿음이 미치지 못하는 사람 같습니다. 다른 제자들은 모든 것을 버려두고 예수님을 따랐습니다. 그렇지만 아리마대 요셉은 세상이 두려워서 예수님의 제자라는 사실을 철저하게 숨기고 있었다는 것인데 그래도 제자라고 할 수 있을까요? 비록 예수님의 사형에 동의하지 않았다고 해도 예수님을 사랑한 사람이라고 할 수는 없을 것입니다.

하지만 아리마대 요셉은 예수님을 향한 사랑을 자기 식

으로 표현합니다. 비록 살아계실 때에는 공개적으로 예수님을 따르지 못했지만 그는 나름대로는 예수님을 진정으로 사랑하고 있었던 것입니다. 그의 사랑은 예수님께서 운명하신 후에 표현됩니다. 자신을 위하여 파놓은 새 무덤을 예수님께 내어드린 것입니다.

"아리마대 사람 요셉이 와서 당돌히 빌라도에게 들어가 예수의 시체를 달라 하니"(막 15:43上)

"그가 빌라도에게 가서 예수의 시체를 달라 하여 이를 내려 세마포로 싸고 아직 사람을 장사한 일이 없는 바위에 판 무덤에 넣어 두니"(눅 23:52-53)

비록 아리마대 요셉이 전적으로 예수님을 따른 것은 아니었지만 그도 역시 예수님을 사랑하고 있었고, 그래서 예수님의 사형판결에 동의할 수가 없었고, 그래서 예수님의 운명 후에 자기의 새 무덤에 예수님을 장사했던 것입니다. 그 당시 예수님의 제자들이 많았고 그 중에 부자도 있었겠지만 요셉은 자기만의 방식으로 예수님께 대한 사랑을 행동으로 나타냈던 것입니다. 신앙인은 예수님을 믿는 사람들인 동시에 예수님을 사랑하는 사람들입니다.

2. 예수님을 믿은 사람들

- 하인을 사랑하는 백부장의 믿음
- 중풍병자의 친구들의 믿음
- 혈루증 환자의 믿음
- 딸을 살리려는 야이로의 믿음
- 맹인의 믿음
- 귀신들린 딸을 고친 여인의 믿음

우리는 복음서에서 여러 명의 믿음의 사람들을 만나게 됩니다. 믿음에는 여러 가지 종류의 믿음이 있지만 이들의 믿음이 예수님이 하나님의 아들이심을 믿는다거나 예수님이 그리스도이심을 믿는다거나 또는 예수님께서 부활하실 것임을 믿는 그런 믿음은 아닙니다. 많은 경우에 예수님을 믿는 믿음은 병 고침이나 귀신축사의 형태로 자주 나타났습니다.

앞서 예수님과 환자들의 관계를 살펴볼 때도 '믿음으로'라는 말이 나왔지만, 비록 예수님의 정체성에 대해서는 깨닫지 못했다고 하더라도 예수님께서 하나님으로부터 비롯되는 능력을 베푸실 수 있고 원하신다면 모든 질병에서 깨끗하게 하실 수 있음은 분명하게 믿었던 사람들이었습니다. 그리고 그 믿음이라는 것이 분명히 하나님께 대한 믿음이라는 것이 확실하므로 그들은 구원에 다다를 수 있었던 것입니다.

▸ **하인을 사랑하는 백부장의 믿음**

가장 큰 믿음을 보여준 사람은 역시 중풍에 걸린 자기 하인을 고치기 위해 예수님 앞에 나온 한 백부장이었습니다. 누가는 이 백부장이 직접 예수님께 찾아온 것이 아니라 유대의 장로 몇 사람을 대신 보낸 것으로 기록하고 있지만, 마태는 백부장이 직접 예수님과 대면한 것으로 기록하였습니다. 아무튼 백부장의 하인이 중풍에 걸렸는데 꼭 고쳐 달라는 간청이 있었습니다. 그래서 예수님께서 그 집으로 가려고 하시자 백부장이 예수님 앞에서 이런 말을 합니다.

"백부장이 대답하여 이르되 주여 내 집에 들어오심을 나는 감당하지 못하겠사오니 다만 말씀으로만 하옵소서 그러면 내 하인이 낫겠사옵나이다 나도 남의 수하에 있는 사람이요 내 아래에도 군사가 있으니 이더러 가라 하면 가고 저더러 오라 하면 오고 내 종더러 이것을 하라 하면 하나이다"(마 8:8-9)

그 때 예수님조차도 그 백부장의 믿음에 놀라시며 크게 칭찬하십니다. 그리고 그 하인은 즉시 나았습니다.

"예수께서 들으시고 그를 놀랍게 여겨 돌이키사 따르는 무리에게 이르시되 내가 너희에게 이르노니 이스라엘 중에서도 이만한 믿음은 만나보지 못하였노라 하시더라"(눅 7:9)

"예수께서 백부장에게 이르시되 가라 네 믿은 대로 될지어다 하시니 그 즉시 하인이 나으니라"(마 8:13)

이 백부장은 어떻게 그런 큰 믿음을 가질 수 있었을까요? 오늘날에는 전화로 기도하여 질병을 고치기도 합니다만, 하나님의 전지하심과 전능하심을 이 백부장처럼 믿는 사람이 당시에는 없었습니다. 우리가 자칫 착각하기 쉬운 일은 하나님을 자기 속에만 가두어두는 것입니다. 혹은 자기 가정, 자기 지역, 자기 나라에만 가두기 쉬운 것이 사람입니다. 그래서 자기중심적으로 기도하고 자신의 상황에 하나님을 가두는 생각을 하기 쉽습니다. 그러나 하나님은 어떤 지역이나 국가 같은 공간이나 혹은 환경에 의해 구애를 받는 분이 아닙니다.

▸ 중풍병자의 친구들의 믿음

한 중풍병자가 있었습니다. 이 사람은 자기 혼자 힘으로는 집밖으로 나갈 수 없는 사람이었습니다. 어느 날 죽은 사람도 살린다는 예수라는 분이 자기 동네에 오셨다는 소문을 들었습니다. 이 환자에게 예수께로 가면 중풍에서 해방될 수 있겠다는 믿음이 생겼습니다. 하지만 이 환자는 도저히 예수가 계신 곳까지 갈 수 없었습니다. 그래서 가까운 이웃과 친지 중에서 몇 사람에게 간곡하게 부탁했습니다. 이 네 사람도 진작부터 예수의 소문을 들어서 알고 있었기에 흔쾌히 이 환자의 부탁을 들어주기로 했습니다.

네 사람이 먼저 제안했는지 중풍병 환자가 먼저 부탁을 했는지는 알려져 있지 않습니다만, 어쨌든 환자가 누워있는 침상을 네 사람이 들고 예수가 계시는 집으로 갔습니다. 하지만 사람들로 꽉 차 있어서 그 사람들 사이를 뚫고 예수님 앞으로 들어갈 수가 없었습니다. 이들은 포기하지 않고 지붕이라도 뜯어서 예수님 앞으로 이 환자를 데려가기로 했습니다. 그 당시 주택구조가 주택 옆 계단을 통하여 지붕에 올라가 지붕의 일부를 벗겨내면 내부로 통할 수 있었습니다. 물론 흙먼지 등이 집안으로 떨어졌을 것입니다.

"무리 때문에 메고 들어갈 길을 얻지 못한지라 지붕에 올라가 기와를 벗기고 병자를 침상째 무리 가운데로 예수 앞에 달아내리니"(눅 5:19)

그런데 그 모습을 지켜보시던 예수님께서 이들의 무례함이나 지붕 수리에 대한 주인의 부담 같은 것을 염려하는 것이 아니라 오히려 이들의 믿음을 보셨습니다. 예수님 앞으로 가기만 하면 분명히 고칠 수 있다는 확실한 믿음이 아니면 이렇게까지 할 수는 없기 때문입니다. 이 믿음이 침상을 함께 메고 온 네 사람의 믿음을 뜻하는 것인지 아니면 이 중풍병자의 믿음을 뜻하는 것인지는 분명치 않습니다만, 예수님은 이들의 믿음을 보시고 중풍병자의 질병을 고쳐주십니다.

"예수께서 그들의 믿음을 보시고 중풍병자에게 이르시되 작은 자야 네 죄 사함을 받았느니라 하시니"(막 2:5)

"내가 네게 이르노니 일어나 네 상을 가지고 집으로 가라 하시니 그가 일어나 곧 상을 가지고 모든 사람 앞에서 나가거늘 그들이 다 놀라 하나님께 영광을 돌리며 이르되 우리가 이런 일을 도무지 보지 못하였다 하더라"(막 2:11-12)

믿음이란 참으로 신비한 현상입니다. 이 중풍병자에게 예수님께서 "네 죄 사함을 받았느니라." 하신 것으로 보아 이 환자는 질병에서의 구원과 함께 그 영혼까지 구원받은 것으로 해석할 수 있습니다. 물론 오늘날의 구원의 개념과는 다소 거리가 있을 수 있지만 예수님은 이 환자에게 죄로부터의 해방을 선포하신 것입니다. 실로 하나님을 믿는 믿음은 모든 것을 가능하게 만들어주는 것입니다.

▸ **혈루증 환자의 믿음**

그러한 믿음은 오랫동안 차마 남에게 이야기할 수 없는 질병으로 고생하던 한 여인에게도 찾아왔습니다. 12년 동안 앓던 질병 때문에 수많은 의사를 찾아보고 치료요법이란 요법은 다 써보았지만 돈만 허비하고 아무런 효험도 없이 절망에 빠져 있었습니다. 하지만 흔히 믿음은 절망 상태에서 찾아옵니다.

"열두 해를 혈루증으로 앓아 온 한 여자가 있어 많은 의사에게 많은 괴로움을 받았고 가진 것도 다 허비하였으되 아무 효험이 없고 도리어 더 중하여졌던 차에"(막 5:25-26)

그런데 어느 날 예수의 소문이 이 여인에게까지 들려옵니다. 그 말을 듣는 순간 예수께로 가면 고칠 수 있겠다는 믿음이 생깁니다. 믿음은 다른 여러 수단이 가능한 상태에서는 생길 수가 없습니다. 오로지 예수라는 분께 가야만 낫겠다는 생각이 믿음입니다. 그런데 이 여인의 특별한 믿음은 불결하고 부정한 자신이 감히 예수님께 간청을 드리지는 못할 것 같아서 단지 옷자락을 만지기만 해도 낫겠다는 믿음이었습니다. 그 당시에는 부정한 것으로 정해진 사람들은 정상적으로 사람들 앞에 나갈 수가 없었습니다. 그럼에도 이 여인은 무리들 틈에 섞여서 예수님 가까이 다가가 옷에 손을 댄 것이었습니다. 그리고 병이 나았습니다.

"예수의 소문을 듣고 무리 가운데 끼어 뒤로 와서 그의 옷에 손을 대니 이는 내가 그의 옷에만 손을 대어도 구원을 받으리라 생각함일러라 이에 그의 혈루 근원이 곧 마르

매 병이 나은 줄을 몸에 깨달으니라"(막 5:27-29)

예수님께서 문득 치유의 능력이 나간 것을 느끼고 주변을 돌아보시다가 이 여인을 발견합니다. 여인이 부정한 자에게 가해지는 규례를 어기고 예수님께 다가왔다는 두려움에 떨 때에 예수님께서 이 여인의 믿음을 칭찬하십니다. 물론 타인에게 폐를 끼치는 일은 하지 말아야 하지만, 그런 두려움이나 사회적 제약에도 불구하고 믿고 나아오는 것은 그만큼 확신이 강하고 진정한 믿음이라는 증거가 될 수 있음도 알아야 할 것입니다. 믿음은 온갖 장애를 극복하게 만들어줍니다.

"여자가 자기에게 이루어진 일을 알고 두려워하여 떨며 와서 그 앞에 엎드려 모든 사실을 여쭈니 예수께서 이르시되 딸아 네 믿음이 너를 구원하였으니 평안히 가라 네 병에서 놓여 건강할지어다"(막 5:33-34)

▸ 딸을 살리려는 야이로의 믿음

12년 동안 혈루증을 앓던 여인의 이야기와 함께 기록된 것이 바로 회당장 야이로의 딸 이야기입니다. 야이로가 예수님을 찾아 그 발 아래 엎드립니다. 그리고 방금 딸 아이가 죽었다고 이야기합니다. 그렇지만 예수께서 오셔서 손을 얹으시면 낫겠다고 간청합니다.

"회당장 중의 하나인 야이로라 하는 이가 와서 예수를 보고 발 아래 엎드리어"(막 5:22)

"예수께서 이 말씀을 하실 때에 한 관리가 와서 절하며 이르되 내 딸이 방금 죽었사오나 오셔서 그 몸에 손을 얹어 주소서 그러면 살아나겠나이다 하니"(마 9:18)

이미 죽은 아이라고 했지만 예수님은 그 믿음을 보고 야이로의 집으로 향합니다. 그 중간에 혈루증 여인을 고쳐주시느라고 조금 지체한 후에 야이로의 집에 도착합니다. 이미 장례준비로 한창인 집안의 모습을 보고 예수님은 "아이가 잔다."고 말씀하시어 모인 사람들의 비웃음을 삽니다. 그러나 예수님은 야이로의 딸의 손을 잡고 일어나라고 명하심으로써 소녀가 살아나게 되는 것입니다.

"이르시되 물러가라 이 소녀가 죽은 것이 아니라 잔다 하시니 그들이 비웃더라"(마 9:24)

"그 아이의 손을 잡고 이르시되 달리다굼 하시니 번역하면 곧 내가 네게 말하노니 소녀야 일어나라 하심이라 소녀가 곧 일어나서 걸으니 나이가 열두 살이라 사람들이 곧 크게 놀라고 놀라거늘"(막 5:41-42)

얼마나 놀라운 믿음입니까? 굳이 집에까지 오지 않으셔

도 자기 하인의 질병이 떠나도록 말씀만 하시면 낫겠다는 백부장의 믿음이나 불쌍한 중풍병자를 위해 침상을 들고 지붕을 뜯어가면서 예수님 앞에 달아 내린 사람들의 믿음이나 예수님의 옷자락만 만져도 12년이나 묵은 혈루병이 낫겠다는 여인의 믿음이나 야이로의 믿음은 참으로 놀라운 믿음들입니다. 전부 독특하고 특별한 믿음들입니다. 예수님을 확실하게 믿은 사람들은 믿음으로 자기들의 문제를 다 해결합니다. 예수님께 모든 삶을 전부 맡길 때에 때로 기적과 같은 증거들이 나타날 수 있는 것입니다.

▸ **맹인의 믿음**

여리고로 가실 때 길가에 앉아서 구걸하던 맹인 한 사람이 예수께서 지나간다는 말을 듣고 있는 힘껏 소리를 질러 불쌍히 여겨달라고 외칩니다. 함께 가던 사람들이 시끄럽다고 조용히 하라고 윽박질렀지만 이 맹인은 오히려 더욱 큰 소리로 예수님의 은혜를 원한다고 소리칩니다. 이 맹인에게도 특별한 믿음이 있었던 것입니다. 여러 사람들이 조용히 시켰지만 확신 있는 믿음은 포기하지 않습니다.

"여리고에 가까이 가셨을 때에 한 맹인이 길 가에 앉아 구걸하다가 무리가 지나감을 듣고 이 무슨 일이냐고 물은대 그들이 나사렛 예수께서 지나가신다 하니 맹인이 외쳐 이르되 다윗의 자손 예수여 나를 불쌍히 여기소서 하거늘 앞서 가는 자들이 그를 꾸짖어 잠잠하라 하되 그가 더욱 크게 소리 질러 다윗의 자손이여 나를 불쌍히 여기소서 하는지라"(눅 18:35-39)

마침내 예수님께서 걸음을 멈추시고 데려오라고 하셨고, 소원을 묻습니다. 당시에 수많은 맹인들이 있었고 예수님께서 그들 앞을 지나가셨지만 성경에 기록된 몇몇 맹인들만 그들의 믿음을 따라 예수님께 간청하였던 것입니다. 그것이 믿음의 조건입니다.

"예수께서 머물러 서서 명하여 데려오라 하셨더니 그가 기까이 오매 물어 이르시되 네게 무엇을 하여 주기를 원하느냐 이르되 주여 보기를 원하나이다"(눅 18:40-41)

그리고 예수님께서 명하여 앞을 보게 되었습니다. 그런데 이 때에도 예수님은 이 맹인의 믿음을 칭찬하셨습니다. 결국 이 맹인도 믿음으로 눈을 뜨게 된 것입니다.

"예수께서 그에게 이르시되 보라 네 믿음이 너를 구원하였느니라 하시매 곧 보게 되어 하나님께 영광을 돌리며 예수를 따르니 백성이 다 이를 보고 하나님을 찬양하니라"
(눅 18:42-43)

예수님을 믿은 사람들은 그 믿음의 분량대로 갖가지 문제를 해결하게 됩니다. 물론 예수님을 믿는다고 해서 모든 사람이 전부 고침을 받는 것은 아닙니다. 다만 예수님을 얼마나 신뢰하고 의지하느냐의 문제가 바로 그 사람의 믿음을 결정하게 되는 것입니다. "네 믿음이 너를 구원하였느니라."는 말씀은 자기 믿음의 종류와 방향과 정도에 따라 하나님께서 이루어주신다는 말씀입니다. 믿음으로 이루어진다고 해서 그 믿음의 소유자의 능력으로 고쳐지는 것은 물론 아닙니다.

▸ 귀신들린 딸을 고친 여인의 믿음

예수님을 믿은 사람들에 대한 다른 많은 기록들이 있지만 마지막으로 독특한 믿음의 여인 한 사람을 더 살펴보려고 합니다. 이 여인은 예수님으로부터 믿음의 시험까지 당하게 됩니다. 이 여인은 가나안의 수로보니게 족속의 여인인데 자기 딸이 흉악하게 귀신들렸으니 귀신을 쫓아내달라고 간청합니다.

"가나안 여자 하나가 그 지경에서 나와서 소리 질러 이르되 주 다윗의 자손이여 나를 불쌍히 여기소서 내 딸이 흉악하게 귀신 들렸나이다 하되"(마 15:22)

"그 여자는 헬라인이요 수로보니게 족속이라 자기 딸에

게서 귀신 쫓아내 주시기를 간구하거늘"(막 7:26)

그런데 이 여인도 역시 예수님을 향하여 계속 소리를 지릅니다. 예수님은 본척만척하시며 그냥 앞으로 가십니다. 그런데 하도 소리를 계속 질러대니까 제자들이 너무 시끄러우니 이 여인을 빨리 보내버리라고 간청을 드릴 정도였습니다.

"예수는 한 말씀도 대답하지 아니하시니 제자들이 와서 청하여 말하되 그 여자가 우리 뒤에서 소리를 지르오니 그를 보내소서"(마 15:23)

이 여자의 믿음에 대한 테스트는 예수님의 침묵에 이어 2차로 이어집니다. 이 여인을 멸시하는 듯한 말씀을 주시는 것입니다. 이방인에 대한 일반적인 시각을 그대로 드러내 보이십니다. 이것은 이 여인의 믿음에 대한 분명한 시험입니다.

"예수께서 이르시되 자녀로 먼저 배불리 먹게 할지니 자녀의 떡을 취하여 개들에게 던짐이 마땅치 아니하니라"(막 7:27)

이 여인의 입에서 놀라운 대답이 나옵니다. "개 취급도 좋습니다. 하지만 예수께서는 귀신을 쫓으실 권세가 분명히 있지 않습니까? 나는 예수님을 믿습니다." 하는 믿음의 고백입니다. 그래서 자신을 개로 낮추면서도 예수님을 믿는 것입니다.

"여자가 이르되 주여 옳소이다마는 개들도 제 주인의 상에서 떨어지는 부스러기를 먹나이다 하니"(마 15:27)

마침내 예수님께서 이 이방인 여자의 믿음을 칭찬하시고 귀신을 쫓아내어주십니다.

"이에 예수께서 대답하여 이르시되 여자여 네 믿음이 크도다 네 소원대로 되리라 하시니 그 때로부터 그의 딸이 나으니라"(마 15:28)

믿음이란 질병을 고쳐주실 것에 대한 확신이기도 하지만 예수님께서 우리의 모든 삶을 주관하신다는 것을 알고 모든 것을 맡기는 것입니다. 그러면 하나님께서는 성도를 책임지시고 성도는 환경이나 고난 같은 것은 두렵지 않게 되는 것입니다.

3. 예수님을 따르는 무리들

- 각종 환자들
- 가르침을 받으려는 사람들
- 예수님을 해방자로 여기는 사람들
- 예수님을 철저하게 외면한 사람들
- 세례 받은 삼천 명의 사람들

예수님이 가시는 곳마다 수많은 백성의 무리들이 예수님을 따라다녔습니다. 이스라엘의 거의 모든 백성들이 적어도 한 번쯤은 예수님의 집회에 참석했을 것이라고 생각합니다. 그러므로 그 당시 예수님의 인기는 엄청났을 것입니다. 예수님을 시기하던 권력자들인 바리새인, 서기관, 대제사장 등과 그들의 하수인들을 빼고는 거의 모든 사람이 예수님을 따라다녔습니다. 하지만 그들은 예수님을 믿기보다는 무엇인가 유익을 얻으려고 따라다녔던 사람들일 뿐입니다.

‣ 각종 환자들

각종 질환에 시달리는 사람들이 무리지어 예수님을 따라다녔습니다.
"그의 소문이 온 수리아에 퍼진지라 사람들이 모든 앓는 자 곧 각종 병에 걸려서 고통당하는 자, 귀신 들린 자, 간질하는 자, 중풍병자들을 데려오니 그들을 고치시더라 갈릴리와 데가볼리와 예루살렘과 유대와 요단강 건너편에서 수많은 무리가 따르니라"(마 4:24-25)

소문이 널리 퍼져서 질병으로 고통당하는 사람들이 예수님을 만져라도 보기 위해 몰려왔습니다.

"예수께서 무리가 에워싸 미는 것을 피하기 위하여 작은 배를 대기하도록 제자들에게 명하셨으니 이는 많은 사람을 고치셨으므로 병으로 고생하는 자들이 예수를 만지고자 하여 몰려왔음이더라"(막 3:9-10)

또한 병자들을 고치신 소문을 듣고 수많은 일반 백성들이 예수님을 보려고 몰려들었습니다.
"예수께서 제자들과 함께 바다로 물러가시니 갈릴리에서 큰 무리가 따르며 유대와 예루살렘과 이두매와 요단강 건너편과 또 두로와 시돈 근처에서 많은 무리가 그가 하신 큰 일을 듣고 나아오는지라"(막 3:7-8)
"그 후에 예수께서 디베랴의 갈릴리 바다 건너편으로 가시매 큰 무리가 따르니 이는 병자들에게 행하시는 표적을 보았음이러라"(요 6:1-2)

사람들이 예수님께로 몰려든 가장 큰 이유는 각종 질병 걸린 사람들을 전부 치료해주시고 귀신들린 사람에게서 귀신을 쫓아내주시고 맹인의 눈을 뜨게 하시고 나병환자를 깨끗하게 해 주시고 죽은 사람을 살리기까지 하신 것 때문이고, 그 소문이 이스라엘 전역에 퍼졌으므로 예수님께서 나타나셨다는 소문만 들리면 수많은 무리들이 몰려들었기 때문입니다. 당연한 이야기이지만 사람들은 예수님이 누구인가에 대해서는 별로 관심이 없었고 오로지 예수님이 행하시는 그 표적만을 보고 몰려들었던 것입니다. 예수님이 선지자일지도 모른다고는 생각했지만 스스로 예수님을 따르려는 사람들은 극소수였습니다.

▸ 가르침을 받으려는 사람들

한편 예수님의 가르침을 따라다녔던 사람들도 많았습니다. 물론 순전히 가르침만을 받기 위해 몰려온 것은 아니었지만 백성들 중에는 가르침을 좋아하는 사람들이 많이 있었습니다. 씨 뿌리는 비유를 말씀하실 때에는 큰 무리가 모여들었기 때문에 예수님께서 배를 타고 육지에 있는 사람들을 가르치셨습니다.

"예수께서 다시 바닷가에서 가르치시니 큰 무리가 모여들거늘 예수께서 바다에 떠 있는 배에 올라 앉으시고 온 무리는 바닷가 육지에 있더라"(막 4:1)

예수님께서 율법에 관한 여러 가지 가르침을 주실 때도 수많은 무리가 모여들었을 때였습니다.

"예수께서 거기서 떠나 유대 지경과 요단 강 건너편으로 가시니 무리가 다시 모여들거늘 예수께서 다시 전례대로 가르치시더니"(막 10:1)

예수님의 권위 있는 가르침으로 인하여 수많은 백성들의 칭송을 받으셨습니다. 그러니까 더욱 사람들이 많이 모여올 수밖에 없었던 것입니다.

"예수께서 성령의 능력으로 갈릴리에 돌아가시니 그 소문이 사방에 퍼졌고 친히 그 여러 회당에서 가르치시매 뭇 사람에게 칭송을 받으시더라"(눅 4:14-15)

오병이어의 기적을 일으키신 것도 무리가 몰려들었을 때에 그들을 가르치시다가 날이 저물게 된 경우였습니다.

"예수께서 나오사 큰 무리를 보시고 그 목자 없는 양 같음으로 인하여 불쌍히 여기사 이에 여러 가지로 가르치시더라"(막 6:34)

한편, 오병이어의 기적 후에 바다 위로 걸어서 반대편에 가셨을 때에는 심지어 무리들이 예수님을 찾으러 배를 타고까지 쫓아다닙니다.

"무리가 거기에 예수도 안 계시고 제자들도 없음을 보고 곧 배들을 타고 예수를 찾으러 가버나움으로 가서 바다 건너편에서 만나 랍비여 언제 여기 오셨나이까 하니"(요 6:24-25)

그리고 성경은 그렇게까지 예수님을 따라다니는 이유를 배고픈 것을 해결해주었기 때문이라고 말씀하십니다.

"예수께서 대답하여 이르시되 내가 진실로 진실로 너희에게 이르노니 너희가 나를 찾는 것은 표적을 본 까닭이 아니요 떡을 먹고 배부른 까닭이로다"(요 6:26)

▸ 예수님을 해방자로 여기는 사람들

그렇게 인기 만점이던 예수님께서 마지막으로 예루살렘 성에 입성하실 때에는 수많은 사람들이 크게 환영할 수밖에 없었습니다. 그들은 "호산나! 다윗의 자손이여!" 하면서 찬양을 부르고 자기들의 겉옷을 벗어 길에 펴기까지 했습니다. 사람들은 예수님을 로마의 압제에서 해방시켜줄 구원자로 생각했던 것입니다.

"제자들이 가서 예수께서 명하신 대로 하여 나귀와 나귀 새끼를 끌고 와서 자기들의 겉옷을 그 위에 얹으매 예수께서 그 위에 타시니 무리의 대다수는 그들의 겉옷을 길에 펴고 다른 이들은 나뭇가지를 베어 길에 펴고 앞에서 가고 뒤에서 따르는 무리가 소리 높여 이르되 호산나 다윗의 자손이여 찬송하리로다 주의 이름으로 오시는 이여 가장 높은 곳에서 호산나 하더라"(마 21:6-9)

얼마나 사람들이 예수님께 대하여 큰 기대를 했느냐 하면 예루살렘 입성 때에는 바리새인들이 예수님을 아무도 막지 못할 것이라고 체념적으로 말하게 됩니다.

"이에 무리가 예수를 맞음은 이 표적 행하심을 들었음이러라 바리새인들이 서로 말하되 볼지어다 너희 하는 일이 쓸 데 없다 보라 온 세상이 그를 따르는도다 하니라"(요 12:18)

하지만 예수님께서 대제사장의 무리들에게 힘없이 붙잡히시고 아무 저항도 못하시고 군병들에게 조롱과 고통을 당하시자 저들의 희망은 졸지에 절망과 비난으로 바뀌어 버립니다. 그들이 대망했던 메시아는 이런 것이 아니었습니다. 하늘의 권능으로 로마 군병들을 쓸어버리시고 단번에 하나님의 천국통치가 이루어지는 그런 것이었습니다. 예수님이 왕으로 등극하고 모든 백성들에게 풍요로운 삶을 제공하는 것이었습니다.

결국 예수님을 사랑하던 소수의 사람들만 남기고 전부 예수님을 외면하게 됩니다. 이렇게 예수님을 따르던 사람들 중에서는 예수님 십자가 고난의 자리와 무덤까지 지키는 사람들이 있습니다. 그러나 그 밖에 모든 사람들은 예수님을 외면하게 됩니다.

"멀리서 바라보는 여자들도 있었는데 그 중에 막달라 마리아와 또 작은 야고보와 요세의 어머니 마리아와 또 살로메가 있었으니 이들은 예수께서 갈릴리에 계실 때에 따르며 섬기던 자들이요 또 이 외에 예수와 함께 예루살렘에 올라온 여자들도 많이 있었더라"(막 15:40-41)

▶ 예수님을 철저하게 외면한 사람들

예수님께서 활발하게 활동하시면서 모든 질병을 고치시고 귀신을 쫓아내시고 죽은 사람을 살리시고 권력자들을 거침없이 꾸짖으시고 진리의 말씀을 전파하고 가르치실 때에는 무리지어 환영하고 쫓아다니고 찾아다니던 모든 무리들이 예수님께서 고난당하실 때에는 몇몇 여인들을 제외하고는 다 어디에 숨어있는지 전혀 나서는 사람이 없었습니다.

오히려 예수님을 십자가에 못 박으라고 소리치고 바라바와 예수 두 사람 중 한 사람을 석방하라고 했을 때에는 바라바를 살리라고 소리치고 예수님께서 십자가에 달려 계실 때에는 지나가면서 예수님을 조롱하기까지 했습니다. 물론 이런 사람들은 대제사장들의 사주를 받은 사람들이 대부분이었지만 모든 군중들은 누구도 예수님을 불쌍하게 여기는 사람은 없었습니다.

오병이어의 기적으로 먹을 것을 주셨을 때에는 무리들의 반응이 어땠습니까? 예수님을 왕으로 추대하려고까지 했던 사람들입니다.

"그 사람들이 예수께서 행하신 이 표적을 보고 말하되 이는 참으로 세상에 오실 그 선지자라 하더라 그러므로 예수께서 그들이 와서 자기를 억지로 붙들어 임금으로 삼으려는 줄 아시고 다시 혼자 산으로 떠나가시니라"(요 6:14-15)

그렇다고 이 무리들이 아무 영향력이 없는 힘없는 백성이기만 했던 것은 아닙니다. 바리새인과 대제사장들이 예수님을 따르는 이 무리들을 두려워하여 예수님을 공개적으로 체포하지 못했기 때문입니다. 하려고만 했다면 이들은 예수님을 보호할 수도 있었습니다. 군중들의 힘으로 권력자들을 움직일 수 있었고, 원하기만 했다면 예수님 십자가 고난을 막을 수도 있었습니다. 물론 그것은 예수님이 이 땅에 오신 목적에는 어긋나는 이야기이지만, 우리는 지금 백성들의 태도를 중점적으로 살펴보고 있는 중입니다.

백성들은 예수님을 열광하면서 따라다녔지만 다른 한편으로는 예수님을 두려운 분으로 여겼습니다. 바리새인들과 대제사장들은 백성들이 지도자들인 자신들을 두려워해야 하는데 오히려 예수님을 두려워하므로 그들은 예수님을 제거해야겠다고 생각했던 것입니다.

"대제사장들과 서기관들이 듣고 예수를 어떻게 죽일까 하고 꾀하니 이는 무리가 다 그의 교훈을 놀랍게 여기므로 그를 두려워함일러라"(막 11:18)

그러나 포도원 주인과 농부의 비유를 듣고는 바리새인들이 분개하여 예수님을 잡고 싶었지만 예수님을 따르는 백성들이 두려워 잡지를 못했습니다.

"그들이 예수의 이 비유가 자기들을 가리켜 말씀하심인 줄 알고 잡고자 하되 무리를 두려워하여 예수를 두고 가니라"(막 12:12)

"대제사장들과 서기관들이 예수를 무슨 방도로 죽일까 궁리하니 이는 그들이 백성을 두려워함이더라"(눅 22:2)

그럼에도 불구하고 백성들은 예수님을 철저하게 외면하고 말았습니다. 그렇게 되면서 겉으로 볼 때에는 예수님의 메시아 사역은 실패한 것처럼 보였습니다. 아무리 좋은 이상을 제시하고 엄청난 능력을 보여주셨다고 해도 최후에는 십자가에 처형되는 마당에 그런 것들이 무슨 소용이 있겠습니까? 사람의 관점에서만 보자면 모든 백성들의 변심 혹은 배반은 예수님으로서는 엄청나게 서운하고 괘씸한 모습이어야 마땅할 것입니다.

하지는 예수님을 가장 사랑한다는 제자 베드로조차도 예수님을 부인하고 도망가 버렸습니다. 그런 마당에 예수님을 거의 이해하지 못하고 표적이나 배부름만을 따라다니던 백성들이야 말해서 무엇 하겠습니까? 이건 애초에 예수님께서 로마에서 해방시키시는 데에 초점을 두지 않았기 때문에 생긴 일이 아니겠습니까? 혁명을 하시려면 제대로 하셔야지 열심히 모든 것을 개혁하시다가 갑자기 십자가에 매달려 버리시면 어느 백성이 실망하지 않겠습니까? 세속적인 시각으로만 보면 틀림없이 이런 결론이 나야 마땅할 것입니다.

그래서 일부 자유주의적인 입장을 가진 사람들은 예수님의 혁명은 실패한 혁명이고 그것 때문에 예수님을 따르던 제자의 무리들이 지상에서 살아남기 위해 기독교라는 종교의 교리를 만들고 교회 형태를 세우게 된 것이라고 말하기도 합니다만, 과연 그럴까요? 예수님을 열광적으로 따라다니던 사람들의 배반은 예수님의 사역의 실패라고 보아야 할까요? 과연 예수님께서 이런 모든 진행 상황들을 전혀 예측하지 못하고 대제사장들에게 당하신 것이라고 보아야 할까요? 일단 예수님의 죽으심까지만 보면 그렇게 보입니다. 그러나 예수 그리스도의 죽음은 지상의 모든 인류를 구원하시기 위한 일시적이고 극한적인 낮춤이었던 것입니다.

‣ 세례 받은 삼천 명의 사람들

실로 수만 명의 무리들이 예수님의 가르침을 받고 병을 고치고 귀신을 쫓아내는 너무나도 큰 은혜를 입었지만, 그래서 사람들이 구름떼처럼 예수님 주변에 몰려들었지만 그것은 일시적인 현상을 보고 몰려온 거품과 같은 현상일 뿐이었습니다. 그것은 안개와 같이 사라지는 신기루일 뿐입니다. 신앙인들이 이런 인기에 집착하게 되면 자신이 그런 사람이라고 착각하여 교만해지거나 하나님을 의지하지 않는 실수를 저지르게 되는 것입니다. 커지고 많아지고 높아지고 넓어지는 것을 추구하게 되면 언제인가는 끝 모를 밑바닥으로 떨어질 수 있다는 사실을 명심해야 합니다.

하지만 우리가 여기에서 반드시 다시 생각해야 할 것이 있습니다. 큰 인기가 덧없는 것임을 깨닫고 거기에 빠지지 않으면 언제인가는 하나님께서 열매를 거두게 해 주신다는 사실입니다. 인기 속에 빠져버리면 아무 것도 거둘 수 없지만 인기에 매몰되지 않고 하나님만 바라보고 있으면 반드시 다시 거둘 때가 있다는 말입니다. 사도행전에 보면 오순절 성령강림 사건이 있습니다. 그리고 무리들이 모였을 때 베드로가 복음을 전하고 그 때 무려 3,000명 정도의 사람들이 전부 세례를 받는 역사가 일어났습니다.

"또 여러 말로 확증하며 권하여 이르되 너희가 이 패역한 세대에서 구원을 받으라 하니 그 말을 받은 사람들은 세례를 받으매 이 날에 신도의 수가 삼천이나 더하더라 그들이 사도의 가르침을 받아 서로 교제하고 떡을 떼며 오로지 기도하기를 힘쓰니라"(행 2:40-42)

이것이 무슨 조화입니까? 얼마 전까지 예수님의 십자가 고난에 대해 전혀 모른 체하고 침묵하였던 백성들이 아닙니까? 병 고침과 가르침과 기적의 역사들 앞에서 환호하던 백성들이 정작 예수님께서 수난당할 때에는 전혀 모른 체할 뿐 아니라 일부 조롱하는 사람들까지 있었습니다. 그런 사람들은 다 어디에 갔습니까? 전부 외국으로 이민을 가버렸습니까? 아닙니다. 그들이 바로 회개한 3,000명이었던 것입니다. 그 3,000명의 사람들은 병 고침 받은 사람들이었고 귀신을 쫓아낸 사람들이었고 죽은 사람을 살리신 장면을 목격했던 사람들이었고 예수님의 가르침을 즐겁게 받았던 그런 사람들이었습니다. 그들에게 성령님이 강림

하시자 변화가 일어났던 것입니다.

　하나님을 믿는 신앙의 세계는 사람이 도저히 예상할 수 없는 수많은 신비한 일들로 가득 차 있습니다. 비록 일시적으로는 예수님을 외면하고 모든 은혜를 전부 잊어버린 사람들이었지만 그들을 기다리는 주님이 계신다는 사실을 잊어서는 안 됩니다. 잠깐의 고난이나 어려움 때문에 하나님을 원망하고 사람들을 탓할 것이 아니라 하나님의 은혜를 사모하며 무한계획을 믿고 기다리면서 하나님의 섭리에 맡기는 사람들이 기독교 신앙인들인 것입니다.

4. 예수님을 못 박은 사람들

- 가룟 유다
- 산헤드린 공회
- 거짓 증인들
- 빌라도 총독
- 선동꾼들
- 백부장과 군병들
- 구경꾼들

예수님께 대한 입체적인 이해를 위한 마지막 단원은 '예수님을 십자가에 못 박은 사람들'입니다. '예수님을 못 박은 사람들' 이전에 '예수님을 비판한 사람들'을 주제로 설명하는 것이 필요하지만 그것은 이미 '예수님과 바리새인들' 및 '예수님과 권력자들' 편에서 상세하게 살펴본 바 있습니다. 따라서 본 장을 살펴보기 전에 '예수님과 바리새인들' 및 '예수님과 권력자들'을 한 번 더 읽어볼 것을 권하고 싶습니다.

예수님은 누구 한 사람에 의해 십자가에 못 박히신 것이 아니었습니다. 그 당시 예수님을 비판하고 반대하던 수많은 사람들과 사형 선고를 내린 사람들, 사형을 집행한 사람들, 그리고 구경꾼들이나 선동꾼 등 모두에 의해 십자가에 못 박히셨습니다. 그들은 다 각각 정치적인 목적이나 금전적인 이유 등 각자의 필요에 따라 다함께 합작하여 예수님을 십자가에 못 박았던 것입니다.

▸ 가룟 유다

우리는 예수님을 십자가에 처형하도록 은전 30냥을 받고 예수님을 팔아먹은 가룟 유다를 1차 주범으로 생각할 수 있습니다. 가룟 유다는 직접적으로 대제사장에게 예수님을 넘긴 사람이기 때문입니다. 비록 이미 서기관들이나 대제사장들이 예수님을 죽이기로 결의하고 기회와 방법을 엿보던 중에 예수님을 3년 동안이나 따라다니던 제자 중의 한 사람을 포섭한 것이기는 하지만, 어쨌든 가룟 사람 유다는 대제사장들과 바리새인들의 부하로 구성된 체포조를 직접 이끌고 예수님께로 왔습니다. 그리고 예수님께 입맞춤으로써 예수님은 붙잡히게 되십니다.

"유다가 군대와 대제사장들과 바리새인들에게서 얻은 아랫사람들을 데리고 등과 횃불과 무기를 가지고 그리로 오는지라"(요 18:3)

"이에 와서 곧 예수께 나아와 랍비여 하고 입을 맞추니 그들이 예수께 손을 대어 잡거늘"(막 14:45-46)

그러면 왜 가룟 유다는 예수님을 배반하게 되었습니까? 성경은 가룟 유다가 은 30냥을 받고 예수님을 팔기로 했다고 기록하고 있습니다. 몇 해 전에 가룟 유다가 예수님을 팔아먹게 된 것은 은 30냥 때문이 아니라 예수님을 위기에 몰아넣음으로써 예수님께서 속히 메시아 곧 이스라엘 해방자로서의 역할을 해 주실 것을 기대했기 때문이라고 주장하는 책이 나왔습니다만, 그것은 확실한 근거를 가지고 주장하는 내용은 아니었습니다. 참고할 수는 있겠지만 우리는 성경이 말씀하는 만큼만 나아가야 합니다. 가룟 유다는 돈 때문에 예수님을 팔았습니다.

"그 때에 열둘 중의 하나인 가룟 유다라 하는 자가 대제사장들에게 가서 말하되 내가 예수를 너희에게 넘겨 주리니 얼마나 주려느냐 하니 그들이 은 삼십을 달아 주거늘 그가 그 때부터 예수를 넘겨 줄 기회를 찾더라"(마 26:14-16)

그것은 예수님과 제자들의 재정을 관리하던 가룟 유다에 대한 성경의 기록을 보면 더욱 확실해집니다. 그는 재정을 훔치던 사람이었습니다.

"제자 중 하나로서 예수를 잡아 줄 가룟 유다가 말하되 이 향유를 어찌하여 삼백 데나리온에 팔아 가난한 자들에게 주지 아니하였느냐 하니 이렇게 말함은 가난한 자들을 생각함이 아니요 그는 도둑이라 돈궤를 맡고 거기 넣는 것을 훔쳐 감이러라"(요 12:4-6)

그러나 그렇다고 하더라도 예수님과 3년씩이나 함께 동고동락하던 유다가 예수님의 그 놀라운 능력과 가르침을 받고도 변화되지 못했다는 것이 참 이상합니다. 다른 제자들도 물론 변화되지 못한 모습을 보였지만 예수님을 팔아먹지는 않았습니다. 성경은 그 이유를 마귀가 가룟 유다를 지배하고 있었다고 설명합니다.

"마귀가 벌써 시몬의 아들 가룟 유다의 마음에 예수를 팔려는 생각을 넣었더라"(요 13:2)

가룟 유다의 이런 죄악 된 모습은 가룟 유다에게서만 일어나는 것은 아닙니다. 하나님을 모르는 사람들은 모두가 마귀에게 속고 있는 것이니까요. 그래서 성경은 가룟 유다처럼 하나님이 아니라 마귀의 뜻대로 행하는 사람들을 마귀의 종, 죄의 종이라고 말하는 것입니다. 가룟 유다는 마귀에게 속아 죄의 종노릇을 했을 뿐입니다.

"우리가 알거니와 우리의 옛 사람이 예수와 함께 십자가에 못 박힌 것은 죄의 몸이 죽어 다시는 우리가 죄에게 종노릇 하지 아니하려 함이니"(롬 6:6)

▸ 산헤드린 공회

알다시피 산헤드린 공회는 대제사장들과 서기관들과 각 지파의 장로들로 구성되어 있습니다. 이들이 예수님을 사형선고까지 이끌고 가야만 했었던 이유는 물론 그들의 정치적 목적 때문이었습니다만, 하나님을 모르는 사람들도 아니고 오히려 하나님의 율법과 제사법을 온전히 실행하던 주인공들이 왜 이런 타락에 빠진 것일까요? 왜 대제사장들과 바리새인들은 그토록 대망해오던 메시아를 알아보지 못하고 십자가에 못 박고 말았던 것일까요? 아니 어쩌면 예수님께서 메시아일지도 모른다는 두려움에서 예수님을 사형에 이르게까지 만들었던 것인지도 모릅니다만.

이들이 예수님을 유월절 전날에 붙잡기로 한 이유에 대해 민란이 날까 두려워서라고 설명합니다. 하지만 다른 의미로 말하자면 이들은 예수님을 내버려두면 언제인가는 더 큰 민란이 날 것을 두려워한 것이 아닐까 생각합니다. 더 큰 민란이 날 것을 두려워하여 사람들이 많이 몰려드는 명절에는 행하지 못하지만 그 전에라도 예수님을 죽이려고 한 것입니다.

"예수께서 이 말씀을 다 마치시고 제자들에게 이르시되 너희가 아는 바와 같이 이틀이 지나면 유월절이라 인자가 십자가에 못 박히기 위하여 팔리리라 하시더라 그 때에 대제사장들과 백성의 장로들이 가야바라 하는 대제사장의 관정에 모여 예수를 흉계로 잡아 죽이려고 의논하되 말하기를 민란이 날까 하노니 명절에는 하지 말자 하더라"(마 26:1-5)

예수님을 죽이려고 직접 결의한 일은 베다니의 나사로 사건 때문이었습니다. 별별 기적을 다 일으키시더니 이제는 죽은 지 나흘이나 지난 사람까지 살리시고 그 소문이 수많은 사람들에게 전해져 예수님을 믿게 되자 대제사장들과 바리새인들이 마침내 공회를 소집하기에 이릅니다.

"마리아에게 와서 예수께서 하신 일을 본 많은 유대인이 그를 믿었으나 그 중에 어떤 자는 바리새인들에게 가서 예수께서 하신 일을 알리니라 이에 대제사장들과 바리새인들이 공회를 모으고 이르되 이 사람이 많은 표적을 행하니 우리가 어떻게 하겠느냐 만일 그를 이대로 두면 모든 사람이 그를 믿을 것이요 그리고 로마인들이 와서 우리 땅과 민족을 빼앗아 가리라 하니"(요 11:45-48)

그들이 하는 말은 우선은 이스라엘의 모든 사람들이 예수님을 믿게 될지도 모른다는 것이요, 그 다음은 그렇게 되면 로마가 그냥 내버려두지 않고 군대를 동원하여 이스라엘을 멸망시키리라는 것이었습니다. 이들은 예수님이 민중봉기라도 일으킬 것으로 생각했던 것 같습니다. 식민지 지역이 시끄러워지면 로마도 가만히 있을 수는 없기 때문입니다. 하지만 그것은 겉으로 드러내는 태도일 뿐입니다. 예수님께서 3년여 동안 수많은 백성들을 이끌고 다니셨어도 한 번도 그들의 우두머리가 되어 항거한 적이 없었으니까요. 아무튼 그 해의 대제사장인 가야바가 방안을 내놓습니다.

"그 중의 한 사람 그 해의 대제사장인 가야바가 그들에게 말하되 너희가 아무 것도 알지 못하는도다 한 사람이 백성을 위하여 죽어서 온 민족이 망하지 않게 되는 것이 너희에게 유익한 줄을 생각하지 아니하는도다 하였으니" (요 11:49-51)

즉, 예수님만 사라지면 아무 일도 없을 것이라는 말입니다. 로마의 침공을 이유로 내세웠지만 그것은 곧 자신들의 안위를 지키기 위한 방안이기도 한 것입니다. 후에 예수님을 따르던 무리가 아니라 오히려 공회에서 동원한 사람들이 예수를 죽이라고 외치는 함성소리에 빌라도 총독이 무너진 것을 보아도 무력항거 등으로 인하여 쳐들어올 로마를 걱정하는 것은 극히 위선적인 말일 수밖에 없는 것입니다.

성경은 가야바가 자기 생각을 말한 것이 아니고 오히려 하나님의 뜻이 예수님 한 사람의 고난으로 인하여 성취될 것을 미리 말한 것이라고 설명하고 있습니다. 결국 공회의 공식적인 결의를 따라 예수님 제거작전이 펼쳐지게 되는 것입니다.
"이 말은 스스로 함이 아니요 그 해의 대제사장이므로 예수께서 그 민족을 위하시고 또 그 민족만 위할 뿐 아니라 흩어진 하나님의 자녀를 모아 하나가 되게 하기 위하여

죽으실 것을 미리 말함이러라 이 날부터는 그들이 예수를 죽이려고 모의하니라"(요 11:51-53)

하나님의 구원의 역사는 하나님의 뜻대로 움직여지게 됩니다. 기독교 신앙인들이 너무 상황만을 바라보게 되면 이와 같은 불행한 실수를 범하게 됩니다. 예수님께서 죽은 나사로를 살리심으로써 백성들은 예수님을 믿었지만 똑같은 기적을 보고 예수님을 죽이기로 결정한 사람들이 공회원들입니다. 백성들은 진실을 보지만 대제사장들을 비롯한 종교 지도자들은 오히려 예수님을 제거하고자 하는 것입니다. 종교의식과 상황논리에 빠지면 실패할 수밖에 없습니다. 전통과 의식에 빠지면 메시아에 의해 구원 받는 것이 아니라 오히려 메시아를 십자가에 못 박게 되는 것입니다.

▸ 거짓 증인들

희한하게도 인류의 역사는 반복됩니다. 하나님만을 바라보면 모든 것을 버리고 예수님을 따를 수 있지만 하나님과의 관계가 이루어지지 않으면 하나님을 모르는 사람들보다 더 악한 사람이 될 수 있습니다. 이들은 메시아 예수님을 처형하기 위해 가짜 증인들을 많이 끌어 모읍니다.

하지만 가짜 증인들에게 증거가 있을 수 없습니다. 온갖 그럴 듯한 증거들을 끌어 모으지만 어느 누구도 수긍할 수 없는 주장들뿐입니다.

"대제사장들과 온 공회가 예수를 죽이려고 그를 칠 거짓 증거를 찾으매 거짓 증인이 많이 왔으나 얻지 못하더니 후에 두 사람이 와서 이르되 이 사람의 말이 내가 하나님의 성전을 헐고 사흘 동안에 지을 수 있다 하더라 하니"(마 26:59-61)

그러나 오히려 예수님 스스로가 소위 이들이 찾는 증거를 제시하십니다. 서로의 증언들이 일치하지 않는 와중에 예수님께서 스스로를 그리스도라고 말씀하심으로써 공회에서의 사형판결이 확정되는 것입니다.

"침묵하고 아무 대답도 아니하시거늘 대제사장이 다시 물어 이르되 네가 찬송 받을 이의 아들 그리스도냐 예수께서 이르시되 내가 그니라 인자가 권능자의 우편에 앉은 것과 하늘 구름을 타고 오는 것을 너희가 보리라 하시니 대제사장이 자기 옷을 찢으며 이르되 우리가 어찌 더 증인을 요구하리요"(막 14:61-63)

가짜 증인들도 예수님을 십자가에 못 박게 한 핵심적인 인물들입니다. 이들은 비록 돈 때문에 아니면 윗사람의 지시나 명령에 의해 증언하러 나선 사람들이지만, 이 가짜 중인이라는 점 자체가 이미 사탄의 쓰임을 받고 있다는 확증이 아니겠습니까? 욕심이 아니더라도 거짓된 수단을 총동원하는 데 앞장섰던 이 가짜 증인들도 대제사장들이나 서기관들과 똑같이 사탄의 종노릇하는 사람들인 것입니다. 현대사회에서도 거짓 증인과 비슷한 역할을 하는 사람들은 일시적이든 지속적이든 전부 사탄의 종들이라고 할 수 있습니다.

▸ 빌라도 총독

어찌 보면 로마 총독 빌라도야말로 예수님의 십자가 고난 중에서 가장 억울한 사람일 것입니다. 그는 자기의 생각과는 반대로 예수님의 십자가형의 최종판결자가 된 사람입니다. 물론 빌라도로서는 어찌 할 수 없는 상황이었고, 또 다른 사람이 빌라도의 입장에서라면 빌라도와 똑같은 판결을 내릴 수밖에 없을 것이라는 생각이 들기는 합니다. 어쨌든 속을 들여다보면 빌라도 역시 자신의 안위와 영달을 위해 그런 선고를 내릴 뿐이었다는 것을 알 수 있습니다.

사실은 빌라도도 예수께 죄가 없음을 잘 알고 있었습니

다. 그리고 총독의 아내도 예수에게 손을 대지 말라고 자기 꿈 이야기를 했습니다. 사람은 어떤 경우에도 반드시 기회가 주어지게 되어 있습니다. 어떤 선택으로 인한 결과가 결국 자기 책임으로 돌아오는 것입니다.

"이는 그가 그들의 시기로 예수를 넘겨 준 줄 앎이더라 총독이 재판석에 앉았을 때에 그의 아내가 사람을 보내어 이르되 저 옳은 사람에게 아무 상관도 하지 마옵소서 오늘 꿈에 내가 그 사람으로 인하여 애를 많이 태웠나이다 하더라"(마 27:18-19)

결국 빌라도는 자기 앞에 돌아올지도 모르는 불이익 곧 로마 황제의 판단에 영향을 미칠 수도 있는 사건에서 정의보다는 자기 출세를 선택했던 것입니다. 물론 빌라도가 죄수 바라바가 아니라 예수님을 석방시켰다고 해서 그의 출세가 보장되었을 것이라는 근거는 어디에서도 찾을 수 없습니다. 다만 빌라도는 인류구원의 역사 한가운데에 서서 하나님의 대리자로서 역할을 했던 것뿐입니다. 모든 사람들이 빌라도도 아니고 빌라도와 같은 상황에 엮여 들어갈 가능성도 거의 없지만, 때로 우리 자신이 하나님의 입장에 서야 할 때가 있음을 알아야 합니다. 어떤 사람, 어떤 상황에서 내가 내려야 하는 결정이 나 자신에게도 엄청난 결과로 나타날 수 있음도 깊이 이해하고 있어야 합니다. 메시아를 만났을 때는 더욱 더 그렇습니다.

▸ 선동꾼들

선동꾼들이란 사실과 다른 것이 틀림없는데도 어떤 세력을 위하여 앞장서서 소란을 일으키는 무리들입니다. 빌라도가 그릇된 판단을 내리도록 소란을 피운 무리들은 대제사장들과 장로들의 사주를 받은 사람들이었습니다. 그들의 소란 때문에 죽어야 할 죄수는 살아서 석방되고 아무 죄 없는 예수님은 십자가에서 고통당하고 운명하셔야 했던 것입니다.

"그들이 모였을 때에 빌라도가 물어 이르되 너희는 내가 누구를 너희에게 놓아 주기를 원하느냐 바라바냐 그리스도라 하는 예수냐 하니 … 대제사장들과 장로들이 무리를 권하여 바라바를 달라 하게 하고 예수를 죽이자 하게 하였더니 총독이 대답하여 이르되 둘 중의 누구를 너희에게 놓아주기를 원하느냐 이르되 바라바로소이다 … 이에 바라바는 그들에게 놓아주고 예수는 채찍질하고 십자가에 못 박히게 넘겨주니라"(마 27:17, 20, 21, 26)

선동꾼들은 어느 시대 어느 나라에나 있어 왔습니다. 선동꾼들의 목적은 명백합니다. 자신들을 고용하거나 이익을 주는 무리들의 앞잡이가 되는 것입니다. 옳고 그름이나 하나님의 뜻이나 자신들에 대한 심판은 안중에도 없습니다. 오로지 자기들의 무리나 개인에게 돌아가는 유불리에만 초점을 맞춥니다. 이들은 폭도나 이방인들이 아닙니다. 하나님을 믿는다는 백성들입니다. 이들은 정해진 규례를 따라 제사를 드렸을 것이고 아마도 조금 열심인 사람들은 금식과 구제에도 참여했을 것입니다. 그럼에도 이들의 믿음은 하나님을 향한 믿음이 아니라 자기들의 고용주들에 대한 믿음과 충성에 그쳤습니다.

▸ 백부장과 군병들

군병이란 상부의 명령에 그저 복종하는 사람들입니다. 예수님을 십자가에 못 박는 일에 당연히 로마의 군병들도 동원됩니다. 로마가 이스라엘을 지배하고 있었기 때문입니다. 전쟁터에서라면 군병이란 상대방을 죽여야 하는 사람들입니다. 분별력은 필요 없습니다. 상관이나 장군들이 작전을 짜서 그렇게 정하면 죽든 살든 나가야 합니다. 예수님을 채찍질하고 십자가를 지워서 골고다 언덕길을 올라가게 하고 십자가에 못을 박고 창으로 옆구리를 찔러보는 일 따위는 그들의 의무이며 일상입니다. 아마 시시덕거리거나 투덜거리면서 작업(?)을 했을 것입니다. 당연히 이들이 예수님을 십자가에 못 박은 직접 당사자들이었습니다.

"이에 총독의 군병들이 예수를 데리고 관정 안으로 들어가서 온 군대를 그에게로 모으고 그의 옷을 벗기고 홍포를 입히며 가시관을 엮어 그 머리에 씌우고 갈대를 그 오른손에 들리고 그 앞에서 무릎을 꿇고 희롱하여 이르되 유대인의 왕이여 평안할지어다 하며 그에게 침 뱉고 갈대를 빼앗아 그의 머리를 치더라 희롱을 다 한 후 홍포를 벗기고 도로 그의 옷을 입혀 십자가에 못 박으려고 끌고 나가니라"(마 27:27-31)

그러면 이들 로마 군병들은 예수님께 얼마나 큰 죄를 범한 것이 되는 것일까요? 그리고 백부장이나 천부장은 어떤가요? 그 이전에 빌라도 총독의 책임은 어떨까요? 아니, 그 이전에 로마 황제에게는 얼마나 책임이 돌아가는 것일까요? 물론 예수님은 그런 것을 따지지 않으셨습니다. 후에 제자들도 그런 것은 따지지 않았습니다. 다만 예수님은 그들을 위하여 기도하셨을 뿐입니다. 저들이 모르고 한 짓이니 저들의 죄를 사해달라고요.

"이에 예수께서 이르시되 아버지 저들을 사하여 주옵소서 자기들이 하는 것을 알지 못함이니이다 하시더라"(눅 23:34)

그래서 그런 것은 아니지만 일부 백부장과 군병들은 예수님께서 운명하실 때 나타난 일들이나 예수님의 행적 때문에 예수님을 하나님의 아들이라고 고백하게 됩니다. 여기에서 '하나님의 아들'이라는 표현이 메시아나 그리스도라는 뜻이 아니라 옳은 사람, 의인이라는 뜻이라는 견해도 있습니다만, 어쨌든 로마 군병들은 최후에 예수님을 숨지게 한 장본인들이었던 것은 틀림이 없습니다. 결국 내일이면 간혹 예수에 대한 이야기를 할 때는 있겠지만 다시 그들의 일상으로 돌아갈 것입니다. 그렇게 예수님의 일은 사람들의 뇌리에서 차츰 잊혀갈 것입니다.

"백부장과 및 함께 예수를 지키던 자들이 지진과 그 일어난 일들을 보고 심히 두려워하여 이르되 이는 진실로 하나님의 아들이었도다 하더라"(마 27:54)

"백부장이 그 된 일을 보고 하나님께 영광을 돌려 이르되 이 사람은 정녕 의인이었도다 하고 이를 구경하러 모인 무리도 그 된 일을 보고 다 가슴을 치며 돌아가고"(눅 23:47-48)

▸ 구경꾼들

우리는 마지막으로 제3의 인물들에 대해 관심을 가질

필요가 있습니다. 구경꾼이라고 표현하였지만 사실은 예수님에 대해 호기심 정도만 가지고 있었던 사람들입니다. 물론 이들 중에는 안타까워하거나 크게 실망하는 사람들도 있었을 것입니다. 하지만 많은 경우에 예수가 그토록 전국을 떠들썩하게 하다가 십자가에 못 박히자 가차 없이 등을 돌리는 사람들입니다.

"지나가는 자들은 자기 머리를 흔들며 예수를 모욕하여 이르되 성전을 헐고 사흘에 짓는 자여 네가 만일 하나님의 아들이어든 자기를 구원하고 십자가에서 내려오라 하며" (마 27:39-40)

아마 며칠이나 몇 달이 지나가면 아무 일도 없었다는 듯이 무관심하게 그들의 삶을 살아가게 될 것입니다. 예수님의 부활만 없었다면 말입니다. 물론 이들은 예수님을 통해 죽을 병에서 놓여났거나 눈이 안 보이다가 보이게 되었거나 오병이어를 얻어먹었거나 예수를 임금으로 모시려고 했던 사람들입니다. 그러니까 예수님의 십자가 사건과 직간접적으로는 관계가 없는 사람들입니다. 이들은 결코 예수님을 십자가에 못 박지 않았습니다. 이들에게는 책임이 전혀 없습니다. 오늘 우리들도 마찬가지입니다. 아무도 예수님을 십자가에 못 박지 않았습니다.

하지만 정말 그럴까요? 무심하게 거리를 오가거나 장사를 하거나 직장에 다니는 사람들은 정말 예수님의 십자가 사건과 전혀 관계가 없는 사람들일까요? 식당에서 음식을 먹거나 쇼핑센터에서 상품을 구입하거나 겨울에 스키장으로 휴가를 떠나는 사람들은 정말 예수님과 전혀 관계없는 사람들일까요? 바리새인들이나 대제사장들이나 빌라도 총독이나 군병들처럼 예수님을 고발한 적도 없고 거짓증인들처럼 죄를 지어내거나 선동꾼들처럼 권력자들의 편에 서서 자기 이익을 취한 적이 없습니다. 마치 구경꾼들처럼 우리 모두는 그런 사람들입니다.

하지만 우리는 예수님께서 십자가에 달리신 이유를 이해해야 합니다. 왜 예수님께서 십자가 사형대에서 돌아가셔야 했는지는 느낄 수 있어야 합니다. 우리는 그냥 단순한 구경꾼들이 아닙니다. 그래서는 안 됩니다. 왜냐하면 예수님은 무심해 보이는 그 구경꾼들 같은 사람들을 위해 죽으셨으니까요. 동시에 예수님은 예수님을 십자가에 못 박은 그 로마 군인들을 위해 죽으셨던 것입니다.

예수님은 자신을 십자가에 못 박게 하기 위해 끊임없이 예수님과 분쟁을 일으켰던 그 바리새인들을 위해 죽으셨습니다. 심지어 공회라는 권력기관을 등에 업고 직접 예수님의 사형을 결의한 대제사장들을 위해 죽으셨습니다. 그리고 최종적으로 예수님께 사형을 선고했던 총독 빌라도를 위해서도 죽으셨던 것입니다. 더 나아가 예수님 대신 석방되었던 유명한 죄수 바라바를 위해서 죽으셨던 것입니다. 그리고 선동꾼들이나 예수님의 십자가 사건과 아무런 관련도 없는 구경꾼들을 위해서 죽으셨던 것입니다.

그것은 우리들도 마찬가지입니다. 2천여 년 전에 한국에서 아주 멀리 떨어진 이스라엘에서 벌어진 그 사건이 현대를 살아가는 무심한 우리들과 아주 깊은 관련이 있었던 것입니다. 예수님을 십자가에 못 박은 사람은 바리새인도 대제사장도 빌라도도 산헤드린 공회도 아닙니다. 사실은 한두 사람이 아니라 그들 모두가 공모하여 예수님을 죽게 한 것이지만, 진실은 그들이 아니라 바로 우리들이 그렇게 한 것입니다. 우리가 무슨 짓을 했습니까? 예수님을 십자가에 못 박아 버렸습니다.

예수님은 나 때문에 십자가에 매달리신 것입니다. 이것을 모르면 예수님을 아는 것이 아닙니다. 예수님을 믿는 것은 바로 이것을 믿는 것입니다. 이것이 십자가에 달려 돌아가신 예수님께서 나의 주인이 되시고 생명이 되시는 길입니다. 예수님은 우리를 위해 십자가에 돌아가셨습니다. 우리가 하나님을 외면한 죄 때문에 십자가에 달리신 것입니다. 그리고 우리들도 우리 죄 때문에 예수님과 함께 그 십자가에 못 박혔던 것입니다. 예수님의 그 십자가 능력으로 우리는 평화와 구원을 얻었던 것입니다.

"내가 그리스도와 함께 십자가에 못 박혔나니 그런즉 이제는 내가 사는 것이 아니요 오직 내 안에 그리스도께서 사시는 것이라 이제 내가 육체 가운데 사는 것은 나를 사랑하사 나를 위하여 자기 자신을 버리신 하나님의 아들을 믿는 믿음 안에서 사는 것이라"(갈 2:20)

맺는 말

 코끼리를 안다고 할 때 그림으로 보고 아는 것과 동영상으로 보고 아는 것과 동물원에 가서 보고 아는 것에는 천지 차이가 있습니다. 또한 동물원의 인도 코끼리를 보고 아는 것과 직접 아프리카로 가서 야생 코끼리를 보고 아는 것에는 많은 차이가 있습니다. 물론 관광을 가서 아프리카 코끼리를 멀찌감치에서 보는 것과 날마다 그 땅에서 살면서 코끼리를 보고 피해도 입고 생태를 직접 보는 것에도 많은 차이가 있습니다.

 예수님을 아는 것도 이와 같습니다. 예수님을 믿는 사람들은 물론이고 예수님을 믿지 않는 사람들도 예수님에 대해서는 다들 알고 있습니다. 다만 아직 예수님을 믿지 않는 사람들은 그림으로 보거나 동영상으로 보고 아는 정도라고 할 수 있습니다. 물론 예수님을 믿는다고 하면서도 그림이나 동영상으로 예수님을 아는 정도밖에 믿지 못하는 사람도 있을 수 있습니다. 코끼리를 알려고 한다면 최소한 동물원에라도 가서 우리에 갇혀 있는 코끼리를 직접 보는 정도까지는 반드시 필요한 것입니다. 마찬가지로 예수님을 믿는다고 할 때에는 최소한 예수님을 입체적으로 알아야 할 필요가 있습니다. 아프리카로 가서 야생 코끼리를 가까이에서 한 번 직접 보는 것은 마치 예수님을 통째로 보는 것과 같은 것입니다.

물론 야생에서 살아가는 거대한 코끼리를 보고 아는 것과 예수님을 인격적으로 아는 것은 전혀 다른 이야기일 것입니다. 그럼에도 코끼리를 비유로 드는 것은 우리는 우리가 경험한 것 이상으로 예수님을 알기 힘들기 때문입니다. 그렇지만 직접 경험하지 못하더라도 예수님을 입체적으로 바라볼 수 있는 자료를 보면서 예수님을 전체적으로 생각할 수 있는 방법은 있습니다. 이 책은 바로 그런 목적으로 저술된 책입니다.

우리는 어느 누구도 예수님을 직접 볼 수는 없습니다. 그럼에도 불구하고 하나님의 말씀인 성경을 통하여 은혜를 받고 예수님을 조금씩 이해하고 깨달으면서 차츰 예수님을 인격적으로 만나게 됩니다. 다만 복음서를 통하여 예수님을 알게 되다 보니까 실체적으로 예수님을 만나는 데 시간이 많이 걸릴 수 있습니다. 그래서 예수님에 관해 주제별로 살펴봄으로써 예수님을 좀 더 심층적으로 알게 되기를 원하는 것입니다.

 예수님을 부분적으로 아는 것과 전체적으로 아는 것에는 엄청난 차이가 있습니다. 부분적으로만 아는 것을 가지고는 예수님께 대한 심각한 오해에 빠질 수도 있습니다. 기독교에서 이단이라고 부르는 교리나 전통 속에는 이렇게 부분적으로만 예수님을 아는 것이 큰 원인이 됩니다. 물론 이단들은 대개 의도적으로 부분적인 예수님을 확대 재생산해서 그것만이 진실인 것처럼 호도하고 있지만, 문제는 이단에 빠지는 이유도 이렇게 부분적으로 아는 예수님을 믿고 있었기 때문이라고 할 수도 있는 것입니다.

 이 책이 의도하는 가장 큰 독자층은 예수님을 아직 믿지 않는 분들입니다. 그 중에서도 예수님에 대해 크게 반감을 가지고 있지 않은 사람들이 독자 대상이 될 것입니다. 아니면 믿음을 가지고 싶은데 잘 믿어지지 않거나 별로 믿고 싶지 않은 분들도 대상이 될 것입니다. 어떤 경우에라도 여기까지 읽었다면 예수님에 대해 통째로 폭넓은 이해를 가질 수는 있었을 것입니다. 교리나 설교 속에 묻혀 있는 예수님이 아니라 생활 속에서 함께 어울릴 수 있는 그런 예수님을 발견했기를 간절하게 원합니다.

아울러 교회에 다니지만 구체적으로 예수님을 만나지 못했거나 이제 신앙생활을 시작한 지 얼마 되지 않는 분들에게도 반드시 읽어볼 것을 권하고 싶습니다. 머리말에서 언급했듯이 예수님을 믿는다고는 하지만 수백 개의 조각으로 되어 있는 퍼즐을 맞추듯이 그렇게 예수님을 이해하고 있는 분들도 많을 것이기 때문입니다. 그나마 전체 퍼즐이라도 이해할 수 있다면 변화에 훨씬 가깝다고 하겠지만 퍼즐의 불과 몇몇 부분만을 알고 예수님을 믿는다면 성장이나 변화는 그만큼 더딜 수밖에 없습니다.

물론 예수님을 오래 동안 믿고 있고 체계적인 제자훈련을 받은 사람이라도 꼭 1독을 권하고 싶습니다. 다른 시각에서 예수님을 입체적으로 바라볼 수 있게 해주기 때문입니다. 읽기에 크게 어려운 책이 아니므로 이 책을 몇 번 반복하여 읽다가보면 어느새 예수님을 더욱 깊이 알게 되고 변화와 성장에 한 걸음 성큼 다가서는 느낌을 가질 수 있을 것입니다. 이 책을 읽는 동안 성령님의 조명이 밝히 임하셨음을 굳게 믿습니다.